Praxis der Personalisierung im Handel

Eva Stüber · Kai Hudetz
(Hrsg.)

Praxis der Personalisierung im Handel

Mit zeitgemäßen
E-Commerce-Konzepten
Umsatz und Kundenwert steigern

Herausgeber
Eva Stüber
IFH Institut für Handelsforschung GmbH
Köln, Nordrhein-Westfalen
Deutschland

Kai Hudetz
IFH Institut für Handelsforschung GmbH
Köln, Nordrhein-Westfalen
Deutschland

ISBN 978-3-658-16243-6   ISBN 978-3-658-16244-3   (eBook)
DOI 10.1007/978-3-658-16244-3

Die Deutsche Nationalbibliothek verzeichnet diese Publikation in der Deutschen Nationalbibliografie;
detaillierte bibliografische Daten sind im Internet über http://dnb.d-nb.de abrufbar.

Springer Gabler
© Springer Fachmedien Wiesbaden GmbH 2017

Gedruckt auf säurefreiem und chlorfrei gebleichtem Papier

Springer Gabler ist Teil von Springer Nature
Die eingetragene Gesellschaft ist Springer Fachmedien Wiesbaden GmbH
Die Anschrift der Gesellschaft ist: Abraham-Lincoln-Str. 46, 65189 Wiesbaden, Germany

Vorwort

Über die Bedeutung von Daten, dem Datensammeln und der Personalisierung wird heutzutage im Marketing nicht mehr diskutiert: Die Customer Journey der Kunden zu kennen, um eine dauerhafte und nachhaltige Kundenbeziehung aufzubauen, wird branchenübergreifend als essenziell angesehen. Dazu sind Kundendaten und Customer Intelligence die Basis für ein einheitliches Kundenprofil und auch die Effekte der Personalisierung sind in unterschiedlichsten Studien nachgewiesen worden. Nach einer Studie von Research Now (Vanson Bourne/Mindtree 2016) im Auftrag von eTracker lassen sich beispielsweise 74 % der Konsumenten durch personalisierte Werbung dazu animieren, auch entsprechende Produkte und Dienstleistungen zu kaufen, die sie vorher noch nie erworben haben. Positive Effekte zeigen sich unter anderem auch durch erheblich höhere Klickraten bei personalisierten Newslettern oder Websites.

Allerdings tritt bei diesen Themen immer noch oftmals eine Überforderung seitens der Händler auf: Zwar wird Personalisierung häufig als sehr wichtig angesehen, aber laut der erwähnten Studie von eTracker setzen lediglich 25 % aller Marketing-Entscheider Personalisierung auch tatsächlich ein. Es besteht vielfach große

Unsicherheit darüber, wie man sich dem komplexen Thema annä-
hern soll, (zu) viele Herausforderungen werden gesehen und der technische Aufwand gescheut. Dies hat zur Folge, dass in der Praxis statt
dem viel zitierten „Big Data" häufig nur mit „Little Data" gearbeitet
wird und die notwendigen Entwicklungsschritte zur Umsetzung von
Personalisierungsmaßnahmen nicht gegangen werden. Dabei ist der
Handlungsdruck gerade im Einzelhandel enorm. Die datengetriebe-
nen Plattformen wie Zalando und allen voran Amazon gewinnen sehr
schnell Marktanteile und nutzen die Möglichkeiten der Personalisierung
immer besser aus. Personalisierung als ein wesentlicher Bestandteil einer
optimierten Kundenansprache gehört quasi zur DNA dieser dynamischen Unternehmen. Die entsprechenden Möglichkeiten werden konsequent weiterentwickelt, um Kunden künftig noch besser anzusprechen
und zu binden.

Aber nicht nur viele Händler stehen der Personalisierung skep-
tisch gegenüber, auch viele Kunden sehen sie kritisch. Die Angst vor
Datenmissbrauch ist weit verbreitet – laut IFH-Datenschutzstudie (IFH
2015) bei 76 % der Deutschen. Die Angst vor dem „gläsernen Kunden"
wird regelmäßig thematisiert: Bisherige Erfahrungen mit Retargeting
werden in diesem Zusammenhang oftmals mit einem Stalking-
Effekt verglichen. Presseberichte über vermeintliche Nachteile für
Konsumenten durch Individualisierung oder gar Personalisierung tragen nicht zur Vertrauensbildung bei. So wird beispielsweise hartnäckig
das Gerücht kolportiert, dass in Online-Shops iPhone-Nutzer teilweise
einen höheren Preis als Android-Nutzer angezeigt bekommen – unge-
achtet der mehr als fragwürdigen Sinnhaftigkeit und fehlender Belege
für diesen Vorwurf.

Bei Händlern bleibt diese Diskussion nicht ohne Folge.
Personalisierung wird zumeist als „heißes Eisen" angesehen, gefähr-
lich und ohne Akzeptanz bei den Konsumenten. Dabei gibt es
durchaus Möglichkeiten für die Händler, diesem Vertrauensverlust
zu begegnen und zwar mit offener, transparenter und nachvoll-
ziehbarer Kommunikation. Ebenso sollten sie nicht vor komplexen
Algorithmen zurückschrecken, denn neben den Risiken bestehen
zahlreiche Chancen. Durch Personalisierung können den Kunden
erhebliche Mehrwerte wie eine schnellere Produktauswahl oder ein

kundenorientierterer Service geboten werden. Diese Vorteile gilt es klar zu kommunizieren.

Noch bestehen trotz klar erkennbarer Vorteile zahlreiche Barrieren bei der Personalisierung, bei Händlern ebenso wie bei Konsumenten. Auch die IT-technischen Systeme sind häufig nicht für Big Data, sondern für Little Data ausgelegt. Natürlich handelt es sich um eine sehr komplexe Thematik mit vielen unterschiedlichen Facetten, viele Bausteine der Personalisierung sind jedoch auch einfach umsetzbar und erfordern weniger teure IT-Systeme als vielmehr ein stringentes Umdenken: Weg vom Produktanbieter hin zum kundenorientierten Dienstleister bzw. Serviceanbieter. Überprüft der Reifenhändler beispielsweise beim Einlagern der Winterreifen direkt die Profiltiefe und informiert den Kunden direkt über etwaig notwendige Ersatzkäufe, dann bietet er ihm damit durch personalisierte Daten einen besseren Service.

Die Diskrepanz zwischen den Vorzügen der Personalisierung für alle Beteiligten einerseits und den zahlreichen Bedenken und Barrieren andererseits macht eine nüchterne Bestandsaufnahme zwingend erforderlich. Das vorliegende Werk trägt dem Rechnung, indem es die Chancen und Risiken der Personalisierung aus den unterschiedlichsten Blickwinkeln beleuchtet. Forscher und Praktiker, Anbieter und Anwender dokumentieren Ihre Erfahrungen und Erkenntnisse und tragen damit Mosaiksteine zu einem stimmigen Gesamtbild zusammen.

- Gerrit Heinemann, als Professor an der Hochschule Niederrhein einer der renommiertesten E-Commerce-Experten Deutschlands, stellt in seinem Beitrag die Ausrichtung auf die Kundenwünsche als wesentliche Vertrauensbasis im Onlinehandel dar. Der Ausbau des Vertrauens zeigt sich darin, dass es gelingt, Kunden während ihres Online-Shop-Besuchs zum Kauf weiterer Artikel oder zu Folgekäufen zu bewegen. Vor dieser Kür des Cross-Sellings geht er zudem auf den personalisierten Check-out sowie personalisierte Zahlungsverfahren als Hygienefaktoren ein.
- Stefan von Lieven und Sebastian Pieper erläutern, welche Möglichkeiten bestehen, den Kunden mittels Marketing Engineering in den Fokus des Dialogs rücken. Die vielfältigen technischen

Möglichkeiten, schneller, flexibler und kundenindividueller zu agieren, werden nicht theoretisch dargestellt, vielmehr wird auch auf operative Hürden in der Umsetzung strukturiert eingegangen.

- Wie kann der Stand der Personalisierung im eigenen Unternehmen eingestuft werden? Christian Schieder und Fabian Blaser stellen in ihrem Beitrag dazu ein Reifegradmodell für die Personalisierung im E-Commerce vor. Automatisierte, kundenindividuelle Produkt- und Content-Empfehlungen über alle Verkaufskanäle hinweg sind heute das Maß der Dinge im Onlinehandel. Das Personalisierungsreifegradmodell gibt Anwendern auf diesem Evolutionspfad Anleitung und Wegweisung.
- Die Ziele und Herausforderungen beim Angebot von personalisierten Preisen beschreibt Michael Schleusener, ebenfalls Professor an der Hochschule Niederrhein und ausgewiesener Pricing-Experte in seinem Beitrag. Er erläutert dabei Themen wie eindeutige und zuverlässige Identifizierung des Kundens, die Rolle bei Multi-Channel-Händlern sowie Kundenreaktionen auf solche individuellen Angebote.
- Rechtliche Restriktionen spielen bei Personalisierungsfragen eine besonders große Rolle. Als Mitglied im ECC-Club kommentiert Rechtsanwalt Rolf Becker für das ECC Köln seit Jahren regelmäßig aktuelle Urteile zum Online-Handel und gibt Händlern praktische Tipps, wie sie mit den gesetzlichen Vorgaben umgehen sollen. In seinem Beitrag „Rechtssicher personalisieren – Möglichkeiten und Grenzen" stellt er den rechtlichen Rahmen der Personalisierung dar. Unerlaubte Datennutzungen und unlautere Ansprachen werden mit nicht unerheblichen Bußgeldern bestraft. Die Beschäftigung mit den rechtlichen Grundlagen der Personalisierung sollte daher schlicht zum Pflichtprogramm der Entscheider gehören.
- Wie finde ich als Händler eine passende Personalisierungslösung? Die Suche nach der passenden Softwarelösung ist für Händler von enormer Bedeutung, stellt aber keine leichte Angelegenheit dar. Jan Lippert zeigt in seinem Beitrag häufige Fehlerquellen auf der Seite der Händler auf – oftmals bevor überhaupt ein Kontakt zu einem Softwareanbieter bestand.

- Die Otto Group gilt zurecht als einer der Pioniere im deutschen Online-Handel. Die jahrzehntelange Erfahrung aus dem Katalogversandhandel, vielfach ein Nachteil, kann bei der individuellen Kundenansprache durchaus vorteilhaft sein. Olaf Schlüter und Alexander Will skizzieren in ihrem Beitrag, wie sich im Umfeld von otto.de dem Thema Personalisierung gewidmet wird, wie die strategische Relevanz eingeschätzt wird und mit welchem Vorgehensmodell in der Umsetzung von Personalisierungsfragestellungen gearbeitet wird.
- Bei Big Data denken viele zumeist direkt an Google. Matthias Zacek gibt Einblicke, wie Google personalisierte Daten nutzt, um das Kundenerlebnis zu verbessern. Sowohl ABOUT YOU als auch Babymarkt.de wachsen in ihren − durchaus umkämpften − Märkten sehr schnell. In ihren Beiträgen zeigen die Verantwortlichen, welche Rolle der Personalisierung zukommt und welche Potenziale sie ausschöpfen.
- Abschließend zeigen die E-Commerce-Experten Markus Fost und Adrian Hotz am Beispiel von Amazon die aktuelle und künftige Bedeutung von Daten als Treiber für Geschäftsmodelle. Der Beitrag beleuchtet, wie die Nutzung schrittweise ausgebaut wurde, wie sukzessive immer weitere Datenquellen einbezogen wurden und wie die Entwicklung weitergehen kann.

Die Qualität eines Herausgeberwerks steht und fällt naturgemäß mit der Qualität der einzelnen Beiträge. Auch in vorliegendem Fall haben zahlreiche Autoren mit ihren interessanten und fundierten Artikeln entscheidend dazu beigetragen, dass aus sehr vielen Mosaiksteinen ein klares Mosaikbild zur Personalisierung im E-Commerce entstanden ist. Dafür − und auch für die unkomplizierte und angenehme Zusammenarbeit − möchten wir uns bei allen Autoren ganz herzlich bedanken, ebenso wie für die Geduld im Entstehungsprozess.

Herr Rolf-Günter Hobbeling hat als Executive Editor bei Springer Gabler dieses Werk von Anfang an wohlwollend, verständnisvoll und konstruktiv unterstützt. Ihm gebührt dafür unser besonderer Dank, ebenso wie unserer Kollegin Ria Plitzko, die uns beim Lektorat mit Rat und vor allem Tat zur Seite stand.

Wir sind zuversichtlich, dass wir mit diesem Werk zahlreiche Denkanstöße zu einem der wichtigsten Themen im E-Commerce und auch speziell im Einzelhandel geben können. Das Buch soll Entscheidungsträger im Handel ermuntern, sich konsequent und intensiv mit Möglichkeiten der personalisierten Kundenansprache auseinanderzusetzen. Wir freuen uns auf den Austausch und wünschen viel Erfolg bei der Umsetzung.

Köln   Eva Stüber
im März 2017   Kai Hudetz

Literatur

IFH Köln. 2015. *Perspektiven für den Datenschutz in Europa aus der Sicht der Verbraucher und des (elektronischen) Handels*. Köln.

Vanson Bourne/Mindtree. 2016. Winning in the age of personalization. http://www.e-commerce-magazin.de/studie-konsumenten-erwarten-personalisierung. Zugegriffen: 15. März 2017.

Inhaltsverzeichnis

Abbildungsverzeichnis

Tabellenverzeichnis

Personalisierung im Onlinehandel: Bestandsaufnahme und Ausblick

Gerrit Heinemann

Zusammenfassung Wesentliche Vertrauensbasis im Onlinehandel stellt die ultimative Ausrichtung auf die Kundenwünsche dar. Diese Kundenzentriertheit sollte deswegen Leitmaxime für das Geschäftsmodell eines Onlinehändlers und seinen Shopaufbau sein. Sie muss zudem eine umfassende Kundeninteraktion ermöglichen, die in dem vorliegenden Beitrag auf Downstream-Prozess fokussiert. Dabei sind die Usability und deswegen die Onlineshop-Gestaltung sowie das Kundenerlebnis inklusive Bestellabläufen wichtige Säulen, um das Vertrauen der User zum Onlineshop aufzubauen. Ihre permanente Verbesserung gilt deswegen als Pflicht. Von einem Ausbau der Vertrauensbasis kann gesprochen werden, wenn es gelingt, den Kunden während seines Aufenthaltes im Onlineshop zum Kauf weiterer Artikel oder zu Folgekäufen zu bewegen. Darauf zielt auch das Cross-Selling ab, das auf Recommendations zurückgreift. Während dies als Kür gilt,

G. Heinemann (✉)
Leiter des eWeb Research Center, Hochschule Niederrhein, Krefeld, Deutschland
E-Mail: gerrit.heinemann@hs-niederrhein.de

© Springer Fachmedien Wiesbaden GmbH 2017
E. Stüber und K. Hudetz (Hrsg.), *Praxis der Personalisierung im Handel*,
DOI 10.1007/978-3-658-16244-3_1

stellen personalisierte(r) Check-out und Zahlungsverfahren einen Hygienefaktor dar. Denn die raffinierteste Onlineshop-Konzeption nützt nichts, wenn der Kunde nicht eine Bestellung auslöst, nachdem er sein Produkt gefunden hat. Der Kaufabschluss nach dem Check-out ist wesentlicher Vertrauensbeweis. Er bemisst die Conversion Rate, welche die in Relation zur Besuchsfrequenz vollzogenen Kaufakte bezeichnet und als wichtigstes Ziel des Onlineshops gilt.

Inhaltsverzeichnis

1   Fokus: Onsite-Downstream-Kundeninteraktion im Onlinehandel

Personalisierung im Onlinehandel wurde lange Zeit im Rahmen der interaktiven Wertschöpfung diskutiert. Im Fokus standen dabei die beiden Begriffe Mass Customization und Open Innovation (Reichwald und Piller 2009; Heinemann 2015). Mass Customization bezeichnet die Erstellung von individualisierten bzw. personalisierten Gütern und Leistungen mit der Effizienz vergleichbarer Massenangebote. Wesentliches Ziel der Mass Customization ist es dabei, in stärkere Interaktion mit den eigenen Kunden zu treten. Dabei wird sowohl Zusatznutzen für die Endkunden als auch für die Unternehmen geschaffen. Nach dem Prinzip des Open-Source kann damit auch kreatives Potenzial aktiviert werden. Bei Anbietern wie z. B. Spreadshirt (T-Shirts) oder Sellaband (eigene Musik) kann der Konsument nach dem Prinzip des Open Investments auch zum Produzenten werden und seine Produkte über die Plattform vermarkten (Reichwald und Piller 2009).

Der entscheidende Unterschied zur Open Innovation liegt bei der bisherigen Mass Customization in der Einbeziehung des Kunden zu einem späteren Zeitpunkt, das heißt erst nach Fertigungsbeginn. Beide sind dem sogenannten Crowdsourcing zuzuordnen, bei dem es durch die Einbeziehung der Kunden um eine Externalisierung von Unternehmensleistungen geht, die er dann nach individuellen Wünschen selbst personalisieren kann. Dabei ist auch ein „kostenentlastender Effekt" realisierbar, wenn Blogger und Community-Mitglieder z. B. Serviceanfragen untereinander selbst beantworten (Denk-Selbst 2009; Heinemann 2015). Diesbezüglich hat es sogar einen positiven Einfluss auf die Kundenzufriedenheit, wenn der Onlinekunde unmittelbar selbst zum gewünschten Ergebnis kommt. Die Übergänge von Kommunikationsinstrumenten zu Selbstbedienungsfunktionen sind fließend und aus Kundensicht nicht unterscheidbar (Heinemann 2015). Diese beabsichtigen, dass der Kunde selbst Transaktionen mit dem Unternehmen abwickelt, ohne dass ein Verkaufsmitarbeiter aktiv werden muss. Grundproblem bei der Nutzung solcher Self-Service-Module ist die Komplexität der Benutzerführung, die oftmals komplizierter ist als ein schneller Anruf im Callcenter. Die sich daraus ergebende Ablehnung des Self-Service kann aber durch Anreizsysteme überwunden werden. Es gilt die Daumenregel, dass die Höhe der Anreize umgekehrt proportional zu der Nutzungsfrequenz sowie proportional zu der Komplexität der Aufgabe ist (Laue 2004, S. 81). Derartige Erfahrungen für Self-Service-Funktionen gelten aber weniger für die interaktive Wertschöpfung im Rahmen des Designs oder der Herstellung von Produkten, sondern vielmehr für den Verkaufsprozess bereits fertiggestellter Produkte. Insofern macht es Sinn, die interaktive Wertschöpfung danach zu differenzieren, ob sie vor und während der Herstellung oder erst nach Fertigstellung der Produkte stattfindet.

Gewöhnlich werden alle Unternehmensaktivitäten bis zur Fertigstellung eines Produktes in der Produktion als „Upstream-Prozesse" bezeichnet, während es sich bei den anschließenden Vermarktungsfunktionen um „Downstream-Prozesse" handelt (Hollensen 2011, S. 25). Deswegen bietet es sich an, sowohl die Mass Customization als auch die Open Innovation als „Upstream-Kundeninteraktion" zu bezeichnen und alle nach der Fertigung stattfindenden interaktiven Tätigkeiten als „Downstream-Kundeninteraktion" zu kennzeichnen (s. Abb. 1). Letztere sind allerdings danach zu unterscheiden, ob sie auf der eigenen Website (Onsite) oder auf Partner-Plattformen stattfinden (Offsite). Deswegen wird im Folgenden auch zwischen der Onsite- sowie Offsite-Kundeninteraktionen unterschieden. Der Fokus soll allerdings auf der Onsite-Interaktion liegen, also den Aktivitäten auf der eigenen Website und nicht außerhalb auf Partner-Plattformen.

Sämtliche Offsite-Aktivitäten außerhalb der eigenen Website dienen gewöhnlich dazu, Besuchsfrequenz auf der Website zu generieren und diese zu Käufen bzw. Orders zu konvertieren. Dabei geht es um Einflussnahme auf die Customer Journey. Diese besagt, dass zwischen dem Kaufgedanken und dem Klick eine Reihe von Stationen liegt. So sind Werbebanner oder E-Mail-Newsletter nicht selten Kaufimpulsauslöser. Der Prozess bis zum endgültigen Kauf kann mehrere Wochen dauern. Das schließt Search, Diskussionen in Bewertungsplattformen, Erfahrungsaustausche oder Recherchen auf Preisvergleichsportalen ein (Boersma 2010;

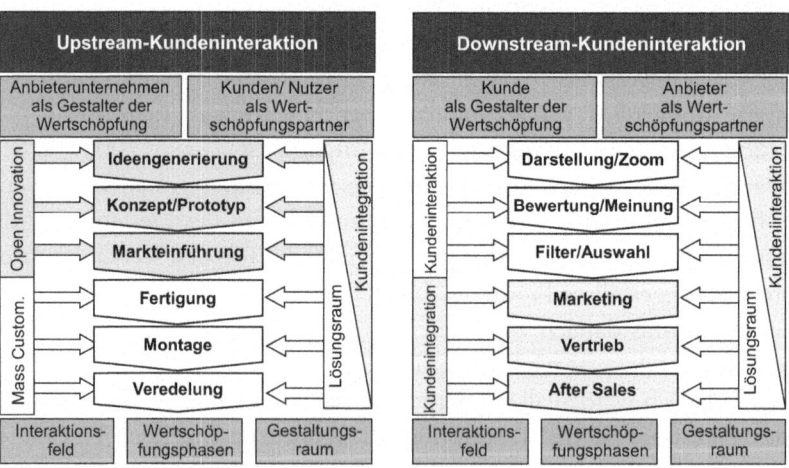

Abb. 1   Upstream- versus Downstream-Kundeninteraktion

Heinemann 2014, 2015). Der Customer-Journey-Ansatz berücksichtigt auch Langzeiteffekte und beinhaltet zwei Dimensionen. Die erste Dimension stellt Kaufimpulse dar. Die zweite Dimension gewichtet den Beitrag bestimmter Touchpoints während der Customer Journey zur Conversion („Conversion Attribution"). Es ist schwierig, die Abhängigkeiten zwischen verschiedenen Werbemittelkontakten darzustellen, denn es lässt sich nicht alles auf dem Weg eines Kunden zur Kaufentscheidung messen. Auch darf die Wirkung von Social Networks auf die Customer Journey nicht unterschätzt werden, insbesondere am Anfang der Conversion-Kette. Diesbezüglich stellt Facebook eine besondere Herausforderung dar, denn Facebook-Kampagnen lassen sich nicht so einfach tracken wie z. B. Banner-oder AdWords-Kampagnen. Gleiches gilt für Werbemittelkontakte aus dem Offlinebereich, wie Fernsehwerbung, Zeitungsanzeigen oder Plakatwerbung (Heinemann 2014, 2015; Boersma 2014). Insofern muss der Customer-Journey-Ansatz immer auch die Online- und Offlinewelt zusammenbringen. Dieses gilt auch für die Kommunikation und Interaktion mit Social-Media-Instrumenten. Das bisherige Verständnis von Social Media vernachlässigt allerdings die Umsetzung entsprechender Social-Media-Elemente auf der eigenen Website. Insofern sollte die Kundeninteraktion zumindest danach unterschieden werden, ob sie Onsite oder Offsite stattfindet (Haug 2013a, b). Offsite-Kundeninteraktion bezeichnet alle Aktivitäten außerhalb der Website sowie Verkauf auf Marktplätzen oder Engagement in sozialen Netzen. Bezogen auf Social Media sind typische Offsite-Plattformen Facebook, Twitter, Pinterest oder WhatsApp. Auch Plattformen wie Polyvore, Foursquare, YouTube sowie die Special Interest Blogs sind typische Offsite-Beispiele. Die bereits angesprochenen Marktplätze sind zwar keine Social-Media-Plattformen, jedoch auch der Offline-Kundeninteraktion zuzuordnen, da der Kundenkontakt hier nur indirekt und außerhalb der eigenen Website stattfindet (Haug 2013a, b; Heinemann 2014).

Onsite-Kundeninteraktion umfasst alle Maßnahmen im eigenen Onlineshop. Wie in Abb. 2 dargestellt, handelt es sich dabei um Kundenbewertungen, Kundenmeinungen, eigene Communities und auch jede Form von Consumer Generated Content. Andere Beispiele

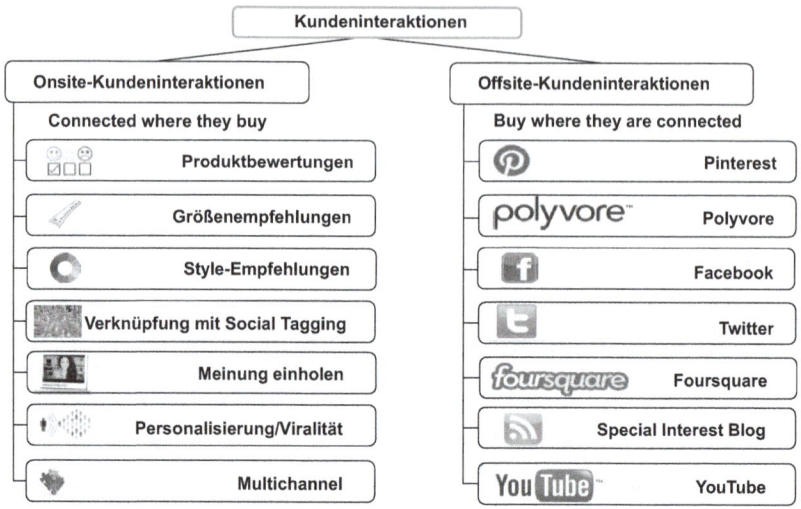

Abb. 2 Onsite- und Offsite-Aktivitäten im Social Media. (Quellen: eigene Darstellung in Anlehnung an Haug 2013b)

sind Größen- und Style-Empfehlungen, Personalisierung/Viralität sowie Verknüpfungen mit Social Tagging. Aber auch Verknüpfungen zu Offlinekanälen, also typische und auf der eigenen Website angebotene Multichannel-Services, können als Onsite-Kundeninteraktion angesehen werden (Haug 2013a, b).

2   Pflicht: Personalisierte Usability und Erlebnisgestaltung

Die Usability und in dem Zusammenhang die Shop-Gestaltung und das Kundenerlebnis inklusive Bestellabläufe, sind wichtige Säulen, um das Vertrauen der User zum Shop aufzubauen. Die meisten Kunden vertrauen Amazon vor allem deswegen, weil die Prozesse überwiegend fehlerfrei und schnell funktionieren. Diese sind zudem kundenzentriert ausgerichtet und bieten damit eine exzellente Usability (Heinemann 2015). Nicht ohne Grund steht Amazon seit Jahren auf den vordersten Plätzen in der Gesamtbeurteilung aller deutschen Händler, die auch das

Kundenvertrauen explizit berücksichtigt (OC&C 2012, 2014). Bezogen auf die Usability bzw. Shop- und Erlebnisgestaltung im Onlinehandel lassen sich die in Abb. 3 dargestellten Dimensionen und Elemente unterscheiden. Sie umschreiben die Bedienbarkeit im Hinblick auf Produktzugänge, Darstellung, Beratung, Bestellprozesse und Kundeneinbindung. Für jede Dimension und jedes dahinterstehende Element sollte eine Soll-Positionierung festgelegt werden, die geeignet ist, das Kundenerlebnis zu maximieren (Gehrckens und Boersma 2013).

Produktzugänge, Darstellung und Beratung lassen sich als Art der Angebotspräsentation zusammenfassen und beeinflussen maßgeblich die Inspirationen und emotionale Ansprache. Vor allem bei Fashion- und Lifestyle-Sortimenten sind Inspirationen und emotionale Ansprache, die sich z. B. durch viele unterschiedliche Produktzugänge erzielen lassen, von großer Bedeutung. Asos oder Net-A-Porter.com setzen dies sehr gut um. Unterschiedliche Zugangswege ins Sortiment lassen sich z. B. über Onsite-Maßnahmen, Blogs/Magazine und Newsletter aufbauen. Dabei werden idealerweise Themen wie u. a. Styles/Looks, Trends oder Trageanlässe herangezogen. Je größer allerdings das Sortiment, umso schwieriger ist dieses darstellbar. Bei

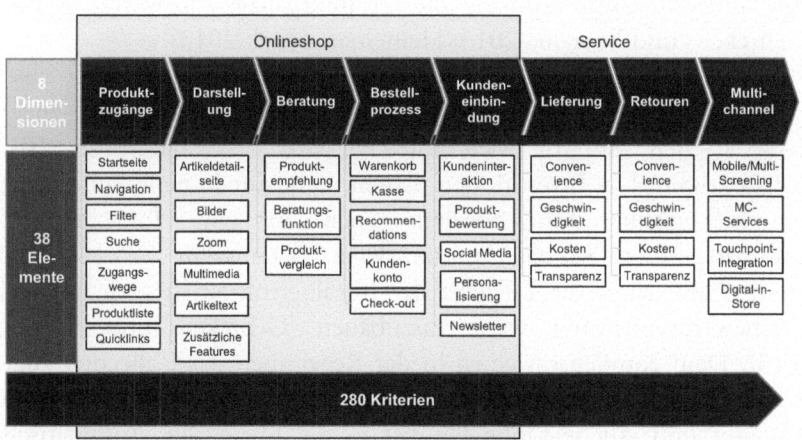

Abb. 3 Dimensionen des Kundenerlebnisses im Onlineshop. (Quellen: eigene Darstellung in Anlehnung an Boersma und Gehrckens 2013)

Category Killern sollte die Komplexität in jedem Fall durch entsprechende Produktzugänge reduziert werden. Das kann durch Produktlisten oder Filtermöglichkeiten geschehen. So wird vermieden, dass sich der Kunde durch Hunderte von Artikeln wühlen muss (Gehrckens und Boersma 2013). Den Produktinformationen in Verbindung mit Content kommt im Onlinehandel eine Schlüsselrolle zu. Dennoch herrscht in vielen deutschen Fashion-Onlineshops Leere auf den Artikeldetailseiten. Kleinanzeigen-Formate der klassischen Kataloghändler sind allerdings kein gutes Vorbild. Vielmehr müssen die Artikel möglichst verlockend und verkäuferisch in Szene gesetzt werden. Ansonsten dürfen Onlinehändler sich auch nicht über steigende Retouren wundern, wenn die Fotos nicht der Realität entsprechen. Die Kundeneinbindung bietet gute Möglichkeiten zur Differenzierung gegenüber Wettbewerbern. Eine sichtbar gemachte Interaktion im (Online-)Shop lässt diesen lebendiger wirken, z. B. durch die vom User erstellten Looks/Outfits. Dabei handelt es sich um Empfehlungen von zueinander passenden Produkten, die vom User als Produktcollagen erstellt werden. Zu nennen ist der Style-Editor von Polyvore oder Asos und Free People. Sie ermöglichen dem User, Produktcollagen aus den Produkten des Shops oder aus anderen Shops zu erstellen. Damit können sie ihren persönlichen Stil präsentieren wie z. B. bei Asos. Von anderen Usern können die Produktcollagen bewertet werden (Gehrckens und Boersma 2013; Heinemann et al. 2013).

In Hinblick auf den Service gilt wiederum Amazon als absoluter Benchmark. Die hohe Liefergeschwindigkeit und -zuverlässigkeit ließ Amazon sich mit 2,4 Mrd. US$ alleine in 2011 einiges kosten. Die Investitionen fließen nicht nur in neue Fulfillment-Zentren/Logistikzentren, sondern auch in eine fortschreitende Automatisierung. So hat Amazon Kiva Systems für 775 Mio. US$ gekauft, um damit die Effizienz der Intralogistik zu steigern und den Wettbewerbsvorsprung weiter auszubauen (Gehrckens und Boersma 2013). Dem Kundenservice ist in der Regel auch das Callcenter zugeordnet. Negativerfahrungen mit Callcentern treiben viele Kunden zur Weißglut und etliche Onlinehändler in die Imagefalle. Automatische Telefonanlagen, in die viele Kunden im Zuge der Selbstselektion geschickt werden, sind sicherlich geeignet, Personalkosten einzusparen, aber niemals dazu in der Lage, gegenüber dem Kunden eine persönliche Kommunikation zu vermitteln. Insbesondere bei der Zusammenarbeit mit Callcenter-Partnern im Falle einer Outsourcing-Lösung sollten sich Onlinehändler auch über die Imagegefahren im Klaren sein, wenn z. B. Kunden mit Problemen auf unausgebildete Aushilfsjobber treffen, die nicht einmal den Namen des Unternehmens richtig aussprechen können. Hinzu kommt das Unvermögen vieler Callcenter, die mit dem Multichannel-Handel notwendig gewordene Koordination der Kommunikation aufgrund der unterschiedlichen Mediennutzung (Telefon, E-Mail, Fax, Internet und SMS) sicherzustellen. Das unter der Prämisse der persönlichen Kommunikation proklamierte Ziel einer hohen Beziehungsqualität und eines „One-Face-to-the-Customer" wird dann häufig mit einer konventionellen Callcenter-Lösung obsolet. Dadurch greift Verärgerung bzw. Unzufriedenheit auf der Kundenseite um sich. Abhilfe schaffen zunehmend Customer-Interaction-Center (CIC), deren Bedeutung im Rahmen des Onlinehandels in den letzten Jahren stark angestiegen ist. Sie stellen eine Weiterentwicklung von klassischen Callcentern dar, die neben dem Telefon weitere Medien wie z. B. Fax, SMS, Internet und E-Mail in einer organisatorischen Einheit gegenüber dem Kunden koordinieren und bündeln (Heinemann 2015). Da alle Informations-, Beratungs-, Kauf- und Nachkaufprozesse im B2C-Distanzhandel im Normalfall heutzutage medial gestützt ablaufen, sind Customer-Interaction-Center vor allem im Onlinehandel von besonderer Bedeutung. Neben effektivitätsorientierten Zielen müssen sich Customer-Interaction-Center zunehmend auch an effizienzorientierten Maßstäben messen lassen, wobei diesbezüglich Kosten und Kundenwert im Vordergrund stehen. Hinzu kommt, dass die CIC zunehmend als Profit-Center geführt werden und nicht als Cost-Center, wie früher bei Callcentern üblich. Auch ist die effizienzgetriebene Tendenz zum Outsourcing an externe Dienstleister zu nennen, das jedoch im Hinblick auf Image- und Kundenzufriedenheitsaspekte nicht ohne Gefahren ist und zumindest eine detaillierte Fixierung aller Servicelevels beinhalten sollte.

Bei der Shop- und Erlebnisgestaltung geben Kundenbewertungen Auskunft über die Kundenzufriedenheit, die wiederum ausschlaggebend für die Fortführung der Geschäftsbeziehung mit dem Kunden und damit die Kundenbindung ist. Eine zentrale Rolle für die Kundenzufriedenheit spielt dabei die Online-Auftragsbearbeitung, die in der Regel dem Kundenservice zugeordnet ist. Grundvoraussetzung für eine aus Kundensicht funktionierende Auftragsbearbeitung ist zuallererst die Produktverfügbarkeit. Ist die Ware nicht im Lager vorrätig, verlängert sich die Lieferzeit. Mittlerweile ist jedoch eine Belieferung innerhalb von 24 h, spätestens jedoch nach 48 h, schon fast Standard, sodass die Kunden in jedem Fall über mögliche Lieferverzögerungen informiert werden sollten, bevor sie den Kauf tätigen. Dieses hilft, Missverständnisse auf Kundenseite zu vermeiden, erfordert aber die technische Möglichkeit, die Verfügbarkeit des gewünschten Produktes prüfen sowie die konkrete Lieferzeit angeben zu können. Allerdings ist es auch hier mittlerweile Standard, den Kunden über den genauen Lieferstatus zu informieren. Darüber hinaus sind der problemlose, in der Regel kostenlose Umtausch (Retouren-Management) sowie ein professionelles Beschwerdemanagement ebenfalls „State-of-the-Art". Gerade aufgrund des fehlenden persönlichen „Face-to-Face"-Kontaktes sollte das Beschwerdemanagement auf keinen Fall voll automatisiert ablaufen, sondern stets auch eine telefonische Kontaktmöglichkeit für die Kunden vorsehen. Dabei setzen sich auch „Call-Back"-Funktionen immer mehr durch, mit denen der Kunde einen Rückrufwunsch anklicken kann und innerhalb weniger Sekunden zurückgerufen wird. Wie im stationären Handel auch, kommt dabei natürlich der Freundlichkeit und Fachkompetenz des Personals eine Schlüsselrolle zu, was auch im Falle eines „Total"-Outsourcing des Kundenservices zu bedenken ist. Gleiches gilt für die Zustellung über Dienstleister, die den Letztkontakt zum Kunden haben und damit auch das Erscheinungsbild des Onlinehändlers entscheidend prägen.

3   Kür: Personalisierte Recommendations mit Cross- und Up-Selling

Von einem Ausbau der Vertrauensbasis kann gesprochen werden, wenn es gelingt, den Kunden während seines Aufenthaltes im Onlineshop zum Kauf weiterer Artikel zu animieren. Darauf zielt das Cross-Selling ab, während das Up-Selling den Kunden zum Kauf höherwertiger Artikel veranlassen soll. Die Bereitstellung zum Kauf passender Zusatzangebote ist im Onlineshop wesentlich einfacher möglich als etwa im stationären Handel. So können Produktinformationen in digitaler Form und auch Abbildungen leichter und schneller bereitgestellt werden, als reale Produkte transportiert und präsentiert werden müssen (Kollmann 2013). Ziel ist es, entweder den Warenkorb unmittelbar durch zusätzliche Artikel zu vergrößern oder aber den Kundenwert durch spätere Umsätze zu erhöhen:

Cross-Selling: Im Rahmen des Cross-Selling werden Kaufempfehlungen für andere Produkte abgegeben. Die Angebote können während des Einkaufs, also parallel zur Sales-Phase erfolgen, oder mit zeitlichem Versatz in der After-Sales-Phase. In der Sales-Phase bekommt der Kunde vielfach noch im Shop andere Produkte direkt an die virtuelle Kasse gelegt, so wie z. B. bei Amazon. In der After-Sales-Phase erhält der User erst nach der ursprünglichen Kauf- und Nutzerentscheidung eine Empfehlung. Dieses kann in Form von E-Newslettern, Mailings oder bei einem späteren Besuch auf der Homepage erfolgen. In der Regel wird auf andere Produkte oder Dienstleistungen hingewiesen, die der Kunde bisher noch nicht in Anspruch genommen hat (Kreutzer 2014). Zunehmend werden Recommender-Systeme eingesetzt wie z. B. die Recommendation Engine von Amazon. Dabei handelt es sich um automatisierte Empfehlungsdienste, die ausgehend von angeklickten Websites oder angeschauten bzw. gekauften Produkten ähnliche Artikel ermitteln und dem User empfehlen. Dazu wird auf das Data-Mining und Methoden des Information Retrieval zurückgegriffen. Auch Informationen aus dem konkreten Kontext (zugegriffene Website) und der Kaufsituation wie z. B. die Kauf-, Navigations- oder Suchhistorie werden herangezogen (Kollmann 2013). Allerdings führt die Kaufhistorie nicht selten zu abstrusen Empfehlungen wie z. B. bei Waschmaschinen, von denen der Käufer eigentlich so schnell keine benötigt, oder Trauringen, die ebenfalls nicht in Massen gekauft werden. Das entspricht insofern nicht dem Suchverhalten des Kunden. Wenn dieser in ein lokales Fachgeschäft geht, würde er nicht fragen, welches Produkt ein Kunde im Cross-Selling gekauft hat. Das Empfehlungsverhalten ist ebenfalls sehr persönlich, weswegen Wege gefunden werden müssen, die Kaufdaten mit dem Wissen der Buchverkäufer zu verbinden. Deswegen bietet sich Shopping-Beratung in kuratierter Form an. Maßgeschneiderte Kaufempfehlungen sind insofern nur durch Einbeziehung des Menschen, also echter Kuratoren, möglich. Deswegen gehen Plattformen wie eBay auch dazu über, alternative Empfehlungsdienste zu implementieren, die sich am personalisierten Einkaufsverhalten orientieren. So basiert 85 % dessen, was bei eBay verkauft wird, bislang auf der Suche. Deswegen macht es Sinn, den Kunden Interessen und Vorlieben angeben zu lassen, um so die Auswahl steuern zu können. Dieses erfolgt mit dem eBay Feed, die dem Kunden eine inspirierende und intuitive Möglichkeit bieten soll, Dinge neu zu entdecken und zu kaufen (IWB 2013). Der Fokus bei den empfohlenen Produkten liegt in der Regel auf Komplementärprodukten, die in einem logischen Zusammenhang zum betrachteten oder gekauften Artikel stehen. Bei Büchern kann das die Kategorie (z. B. englische Krimis) oder aber der Autor sein. Bei Handys bieten sich Angebote von Handyhüllen an. Diese sind in der Regel mit einem selbstbestimmten Kaufvorgang verbunden, wodurch das Interesse der Kunden sichergestellt ist. Eng an die Cross-Selling-Idee lehnen sich neue Geschäftsmodelle wie z. B. das Mitch&Match an. Polyvore bietet z. B. eine Shopping-Plattform an, auf der die Kunden ihr Outfit von verschiedensten Modeanbietern nach einer strukturierten Rahmenvorgabe zusammenstellen und kombinieren können („Express your style"). Über eine soziale Verlinkung zu Facebook & Co können sie dann ihre Auswahl dem Fan-Kreis vorstellen und mit ihnen das Ergebnis diskutieren. Über die Feedback-Einholmöglichkeit erhält der Einkaufsprozess eine starke Community-Ausrichtung. Sobald die diskutierte Endauswahl festliegt, kann per Click gekauft werden.

Up-Selling: Beim Up-Selling soll der Kunde motiviert werden, höherwertige Angebote zu kaufen bzw. zu nutzen, die den Warenkorb und damit den Umsatz direkt erhöhen. Dabei bieten sich Luxus-Editions oder limitierte Auflagen von Produkten an. Denkbar sind auch Bundles, mit denen ergänzend zum ursprünglichen Produkt eine Zusatzausstattung zu einem Paketpreis empfohlen wird, der unter den beiden Einzelpreisen liegt. Auch Serviceleistungen bieten sich für einen Up-Sell an. Dabei ist allerdings sensibel und nur unter Hinweis auf valide nachprüfbaren Argumenten zu verfahren. Wie beim Cross-Selling kann dieses direkt während des Kaufvorgangs erfolgen, wobei dann auf die teureren Produkte und deren Vorteile hingewiesen wird. Daneben sind auch personalisierte E-Mails oder Newsletter zu empfohlenen Upgrades nach dem Kauf mit Zeitverzug denkbar. In Anlehnung an die Aufpreispolitik der Automobilhersteller mit Zusatzausstattungen bietet sich im interaktiven Onlinehandel bei den entsprechenden Produkten auch ein Produktkonfigurator an, um ein Up-Selling zu erzielen. Bei adidas-ID können Kunden sich beispielweise ihren Sportschuh konfigurieren, und Christ.de bietet einen Trauring-Konfigurator an.

More-Selling: Das More-Selling ist eine einfachere Variante der ersten beiden Sell-Formen, bei der mehr von den gleichen Produkten verkauft werden soll, ähnlich den bekannten Doppelpackungen. Diese Form ist aber nicht so online-spezifisch und auch im traditionellen Handel schon lange gebräuchlich. Geht es allerdings um Wiederholungskäufe, eröffnen Abo-Modelle neue Perspektiven im Onlinehandel und erleben dort in Anlehnung an die Buchklubidee in anderen Produktbereichen eine Wiedergeburt. BIRCHBOX bietet für zehn US-Dollar im Monat ein Abonnement für Duft- und Kosmetikproben an, was vor Kurzem von Douglas kopiert wurde (Douglas-Beauty-Box). Bei SOLESOCIETY und Shoedazzle erhalten die Kunden für eine feste Monatspauschale (40 US$ monatlich bei shoedazzle) ein Paar neue Schuhe jeden Monat, das auf den persönlichen Geschmack und die individuelle Passform abgestimmt ist. Das Abo ermöglicht eine gute Planbarkeit, die in sehr günstigen Preisen umgesetzt werden kann. Gut vorstellbar sind auch Socken- oder Unterwäsche-Abos auf Basis der „Subscription-Geschäftsidee".

4 Hygienefaktor: Personalisierte(r) Check-out und Zahlungsverfahren

Nicht selten vernachlässigen Onlineshops die Bedeutung des Kaufabschlusses und Check-outs für die Kunden (Heinemann 2015). Die raffinierteste Onlineshop-Konzeption nützt nichts, wenn der

Kunde nicht eine Bestellung auslöst, nachdem er sein Produkt gefunden hat. Deswegen sollte die Handhabung des Kaufabschlusses so einfach wie möglich gestaltet sein, wobei eine weitgehende Automatisierung hilfreich ist. Drei Mausklicks bis zum Auslösen einer Produktbestellung sind heute Standard. Bis dahin sollten alle relevanten Kundendaten zur Durchführung der Transaktion abgefragt sein – inklusive Kundenregistrierung. Dabei kann eine Visualisierung des Kaufabschlusses hilfreich sein. Seine wesentlichen Elemente sind der Warenkorb, die Kasse, die Zahlungsverfahren sowie der Check-out (Mahrdt und Krisch 2010):

Der visuelle Warenkorb muss mehrere Anforderungen erfüllen. Zuallererst sollte er gut auffindbar sein und gleichzeitig mehrere Artikel des gleichen Typs aufnehmen, löschen und zurücklegen können. Wichtig ist außerdem, dass vom Warenkorb aus Artikeldetails angesehen werden sowie nachträgliche Änderungen vorgenommen werden können. Zudem erwartet der Kunde im Warenkorb bereits das Anzeigen des Preises, der Mehrwertsteuer, der Versandkosten sowie der möglichen Zahlungsarten.

Die Kasse ist sensibel zu handhaben und kann schnell zum Kaufabbruch führen. Sie sollte in keinem Fall zu unangenehmen Überraschungen führen, indem plötzlich auf Mindestbestellwerte oder Zusatzgebühren hingewiesen wird. Auch darf nicht erst in der Kasse über mögliche Ausverkäufe, Lieferverzögerungen oder Nichtgültigkeit von Gutscheincodes hingewiesen werden. Die Kasse sollte einen klaren Überblick über die bestellten Artikel geben und das einfache Löschen von zu vielen oder falsch bestellten Artikeln ermöglichen. Auch sollte der Kunde jederzeit in den Shop zurückgehen und weitere Produkte problemlos ergänzen können.

Die Zahlungsverfahren sollten dem Kunden keine Einschränkungen machen und möglichst keine Barrieren aufbauen. Mittlerweile ist es gängig, sämtliche Bezahlverfahren anzubieten, um jedem individuellen Kundenwunsch entgegenzukommen. Mit 37 % Anteil ist der Kauf auf Rechnung die wichtigste Bezahlart und wesentlicher Nichtkaufgrund, wenn sie nicht angeboten wird (Siebers 2011). Die Zahlungsverfahren lassen sich in drei Hauptkategorien unterteilen, die in Abb. 4 dargestellt sind.

Zahlungsverfahren im Onlinehandel		
Klassische Zahlungsverfahren	**Kreditkarte**	**Online- Zahlungsverfahren**
• Rechnung • Lastschrift • Vorkasse • Nachnahme	• Karten der Geldinstitute - Visa - Mastercard, - American Express • Smart Card	• Intermediäre Verfahren - PayPal - ClickandBuy - T-Pay, mypass • Onlinebanking Verfahren - Giropay - Sofortüberweisung • Guthabenkarten

Abb. 4 Kategorisierung von Zahlungsverfahren. (Quellen: eigene Darstellung in Anlehnung an Mahrdt und Krisch 2010)

Der Check-out ist – wie gesagt – häufiger Grund zum Kaufabbruch. Dieses liegt nicht selten an konzeptionellen Schwächen des Onlineshops. Diesbezüglich gibt es zehn Standardfehler, die in Abb. 5 dargestellt sind. Nicht aufgeführt ist die wohl größte Barriere, nämlich die „Zwangsabfrage persönlicher Daten".

Der persistente Warenkorb ermöglicht es, den Inhalt auch bei einem erneuten Besuch anzuzeigen, da der Client-Server identifizierbar ist. Dieses erleichtert dem Kunden beim Wiedereinstieg das Wiederfinden der vorher recherchierten Artikel. Nicht selten werden Kunden auch beim Kaufabschluss unterbrochen und vergessen dann schnell die ersten Einkaufsschritte. Hier kann der persistente Warenkorb auch als Gedächtnisstütze dienen.

Selbst, wenn beim Check-out kein Kaufabbruch stattgefunden haben sollte, sollte der Check-out entsprechend der Devise „nach dem Einkauf ist vor dem Einkauf" vermarktet werden und Anreize zum erneuten Besuch des Onlineshops geben. Obwohl sich 77 % der Onlinekunden Rabattgutscheine nach dem Kaufabschluss wünschen, setzt gerade

---

Die 10 wesentlichen Check-out-Fehler

Unverständliche Fehlermeldungen: Besser klar und verständlich formulieren

Vorauswahl des falschen Kreditkartentyps: Besser keine Vorauswahl

Zusätzliche Buttons: Weniger ist mehr

Up- und Cross-Selling: Ist hier zu spät

Unnötige Disclaimer: Führen nur zur Verunsicherung des Kunden

Zu wenig Zahlungsarten: Kunden wünschen ihre spezifische Zahlungsart

Kosten verbergen: Verursacht enttäuschte Erwartungen und ein Geschmäckle

Keine Servicetelefonnummer: Signalisiert „miserable" Kundenorientierung

Artikel nicht verfügbar: Diese Info muss spätestens im Warenkorb gegeben werden

Einkauf nicht bestätigt: Eingang der Bestellung unbedingt bestätigen

---

Abb. 5 Die zehn wesentlichen Check-out-Fehler. (Quellen: eigene Darstellung in Anlehnung an Mahrdt und Krisch 2010)

einmal ein Drittel der Onlineshops auf diese (gfm-nachrichten 2014): Nur 36 der 100 größten deutschen Onlineshops nutzen beim Check-out diese Möglichkeit, um damit zusätzlichen Umsatz aus späteren Vermarktungserlösen zu generieren. Vor allem nach Abschluss ihrer Einkäufe sind Onlinekunden für neue Impulse offen. Diesbezüglich bietet es sich an, ihnen ein attraktives und relevantes Angebot eines Gutscheinpartners zu machen. Auch kostenlose Leseproben und Zeitschriften-Coupons kommen gut an, wozu Integrationsflächen genutzt werden können. Dabei ist Check-out-Vermarktung für Onlineshops relativ unkompliziert und eine einfache Möglichkeit, Mehrwerte zu schaffen. Die Vergütung der Onlineshop-Betreiber kann dabei performancebasiert entweder per Cost-per-Order (CPO) oder Cost-per-Lead (CPL) erfolgen (gfm-nachrichten 2014). Bevor allerdings die Vermarktung des Check-outs in Angriff genommen wird, sollte sichergestellt sein, dass dieser exzellent ausgestaltet ist und keine Kaufabbrüche verursacht.

5   Ziel: Höhere Conversion durch Personalisierung im Onlinehandel

Der Kaufabschluss nach dem Check-out ist ein wesentlicher Vertrauensbeweis. Er bemisst die Conversion Rate, welche die in Relation zur Besuchsfrequenz vollzogenen Kaufakte bezeichnet. Diese Kennzahl ist ein ebenfalls wichtiger Indikator für den Erfolg des Shopauftritts und die Qualität der Erlebnisgestaltung. Insbesondere die Usability, hinter der sich jeweils eine unterschiedliche Anzahl von Shopfunktionen verbirgt, hat nach Meinung vieler E-Commerce-Experten wesentlichen Einfluss auf die Conversion. Diesbezüglich haben vor allem die Produktinformationen und -visualisierungen eine herausragende Bedeutung. Die anderen Usability-Hauptkriterien sind der Bestellablauf, die Navigation und die Suchfunktion, die optische Gestaltung, die Barrierefreiheit, Benutzerkonto und Interaktion sowie schließlich die Kundenservicefunktionen. Unternehmenspräsentationen sind auch zu betrachten, haben allerdings keine so erfolgskritische Bedeutung wie die anderen Kriterien (Heinemann 2015; Gehrckens und Boersma 2013). Wichtiger als die Usability dürfte für die Conversion allerdings die Auswahl in Kombination mit dem Sortimentszugang sein. Insbesondere die Dimensionierung des Sortiments in Hinblick auf Breite und Tiefe sowie Gesamtumfang und Aktualität beeinflusst unmittelbar die Conversion. Wie bereits bei den Ausführungen zum Marketingmix im Onlinehandel bemerkt, gelten auch im Onlineshop viele der traditionellen Handelsregeln. Diesbezüglich ist vor allem die Erfahrung relevant, dass das Sortiment das Herz des Geschäfts und der wesentliche Anziehungspunkt für die Kunden ist. Ähnlich wie der Quadratmeterumsatz im stationären Handel als zentrale Produktivitätskennzahl gilt und sich bei Fashion zwischen 2000 und 5000 EUR pro Jahr bewegt, gilt dieses im Onlineshop für den durchschnittlichen Artikelumsatz. Dieser pendelt je nach Preisniveau zwischen 500 und 2000 EUR pro „Stock Keeping Unit" SKU bei Fashion. Herstellereigene Onlineshops im Mono-Labeling sind häufig schon aufgrund des begrenzten Sortimentsumfangs nicht in der Lage, eine nennenswerte Conversion und damit Umsätze zu erzielen. Erst mit der Ausweitung der Sortimente skalieren sich die Umsätze proportional hoch unter der Voraussetzung, dass die Usability und das Shoperlebnis den Produktzugang fördern und keine Barrieren aufbauen.

Da die Art der Kaufabbrüche bis zum vollzogenen Kaufakt unterschiedlich gestuft sein kann, wird zunehmend zwischen der „Hard Conversion" und der „Soft Conversion" unterschieden. Während die „Hard Conversion" sich auf den konkreten Kauf bezieht, bringt die „Soft Conversion" unterschiedliche Handlungen zum Ausdruck, die sich hinter der Landingpage, also nach dem ersten Click, vollziehen. Deswegen gehen Onlinehändler im Rahmen von Web-Analytics auch zunehmend dazu über, die Konversionspfade zu analysieren (Kreutzer 2014). Ein solcher ist in Form eines typischen Conversion Funnel in Abb. 6 dargestellt. Dabei sind nicht nur die Konversionsschritte dargestellt, die Onsite erfolgen, sondern auch solche, die bereits Offsite einsetzen. Dieses ermöglicht eine ganzheitliche Betrachtung und zielorientierte Pfadanalysen. Dadurch können Nutzungsmuster identifiziert werden, die Hinweise auf Optimierungsmöglichkeiten geben (Kreutzer 2014).

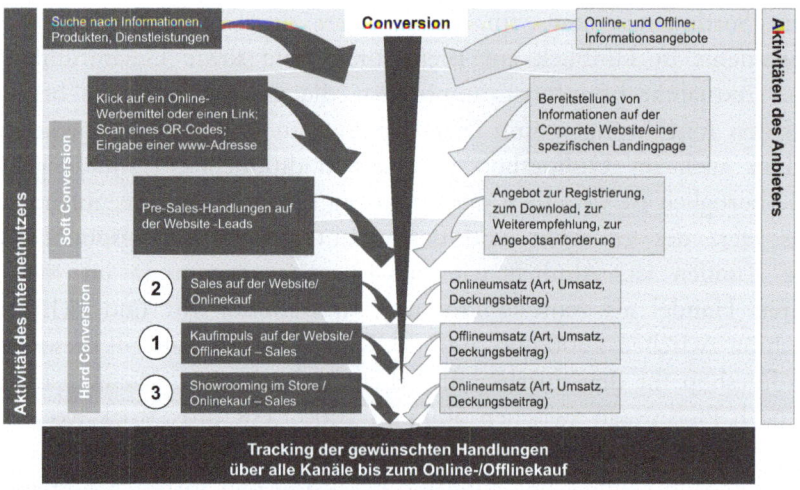

Abb. 6 Conversion Funnel. (Quellen: eigene Darstellung in Anlehnung an Kreutzer 2014)

6   Ausblick: Kundenzentriertheit im Onlinehandel

Wesentliche Vertrauensbasis im Onlinehandel stellt die ultimative Ausrichtung auf die Kundenwünsche dar. Diese Kundenzentriertheit sollte deswegen Leitmaxime für das Geschäftsmodell eines Onlinehändlers und seinen Shopaufbau sein. Sie löst sich von der funktional orientierten Marketinglehre und stellt die Leidenschaft und Glaubwürdigkeit der gesamten Unternehmensführung und ein bedingungslos am Kundenwunsch ausgerichtetes Unternehmen in das Zentrum der geschäftlichen Aktivitäten. Diese Art der „neuen Kundenorientierung" durchdringt das komplette Geschäftssystem des Unternehmens und gibt Mitarbeitern zugleich einen Orientierungsrahmen für ihre täglichen Entscheidungen vor. Es geht vor allem um die von Jeff Bezos aufgeworfene und visionär verfolgte Schlüsselfrage: „Wie kann ich meinen Kunden das Leben erleichtern?" (Brandeins 2014). Was aber bedeutet das für die Marketing- und Handelspraxis? Zunächst geht es um eine neue Dimension der Professionalität, deren Umsetzung – entgegen weitverbreiteter Meinung – weitaus höhere Investitionen in Marketing, Kundenansprache, Organisation und Systeme erfordert, als das in den traditionellen Absatzkanälen der Fall ist. Sie dürften sich auf lange Sicht aber lohnen, denn die Kunden schätzen und honorieren es, im Zentrum der Geschäftsaktivitäten zu stehen. Bestes Beispiel ist der Traditionshändler Macy's, der mit einer derartigen Strategie „der neuen Kundenorientierung" nicht nur den Turnaround zu einem hochprofitablen Handelsunternehmen geschafft hat, sondern seit 2010 in allen Kanälen wieder stark wächst und das im Kernmarkt von Amazon. Kundenzentrierte Unternehmen, die in Maximierung der Kundenbegeisterung denken, sind dabei nachweislich erfolgreicher als „nur" kundenorientierte Unternehmen. Kundenzentriertheit impliziert Leidenschaft und Glaubwürdigkeit der Führung und ein bedingungslos am Kundenwunsch ausgerichtetes Unternehmen. Jeff Bezos, CEO von Amazon, ist der festen Überzeugung, dass nur überragender Service am Kunden und genaues Verstehen der

Kundenwünsche langfristig Erfolg gewährleisten können. Da Kunden Angebote verschiedener Händler zu einem Produkt vergleichen wollen, hat er anderen Händlern erlaubt, auch bei Amazon anzubieten, selbst auf die Gefahr hin, dass Amazon von anderen Händlern unterboten werden kann. „Tut ihr es nicht, so wird es der Kunde tun" ist dabei sein Motto. Kundenzentriertheit durchdringt das komplette Geschäftssystem des Unternehmens und gibt Mitarbeitern einen Orientierungsrahmen für ihre täglichen Entscheidungen vor. So weiß ein Mitarbeiter bei WalMart, dass er zuerst den Kunden bedienen muss, bevor er einem internen Problem nachgeht. Ein Aldi-Einkäufer weiß, dass er die Preise bei preisunelastischen Artikeln nicht erhöhen sollte, auch wenn es die Wettbewerbssituation hergeben würde. So weiß ein Amazon-Mitarbeiter, dass er Platzierungen der Industrie als solche kenntlich machen muss, um nicht den Eindruck zu erwecken, diese wären objektiv generiert. Einem Zappos-Mitarbeiter ist bewusst, dass seine Hauptaufgabe darin besteht, in erster Linie Probleme offen und ehrlich mit seinen Kunden im Community-Bereich zu diskutieren (Brandeins 2014; Heinemann 2015). Kein Kunde gleicht einem anderen. Idealerweise wird jeder Kunde als Individuum betrachtet. Im Massengeschäft ist eine Individualisierung nicht wirtschaftlich darstellbar, deshalb werden Kunden statistisch relevanten Segmenten zugeordnet (personalisiert). Diese werden entweder statisch gebildet (bei traditionellen Unternehmen) oder dynamisch/chaotisch (bei Internetanbietern). Die Kunst der Kundenzentriertheit liegt in der überragenden Individualisierung oder Personalisierung des Unternehmens und in der richtigen Implementierung, die „Chefsache" sein muss. Nur wenn die oberste Führung von der Kundenzentriertheit überzeugt ist, ist sie auch bereit, dies glaubwürdig vorzuleben und das Unternehmen systematisch kundenzentriert auszurichten. Dieses ist wichtigste Vertrauensbasis im Onlinehandel.

Literatur

Boersma, T. 2010. Warum Web-Exzellenz Schlüsselthema für erfolgreiche Händler ist – Wie das Internet den Handel revolutioniert. In *Web-Exzellenz im E-Commerce – Innovation und Transformation im Handel*, Hrsg. G. Heinemann und A. Haug, 21–42. Wiesbaden: Gabler.

Boersma, T. 2014. Marktplatzstrategien für Online- und Multi-Channel-Händler. Vortrag auf dem Treffen des E-Commerce-Clubs Niederrhein vom 2. Juli 2014, Mönchengladbach.

Brandeins, 2014. Das alles und noch viel mehr – Der Kunde ist ein unangenehmer Geselle. Und das ist gut so. Sagt der Handelsexperte Gerrit Heinemann. *brandeins* 5 (14): 90–94.

Denk-selbst. 2009. Prosument 2.0. https://www.denk-selbst.com/2009/08/19/20prosument-2-0/. Zugegriffen: 31. Dez. 2011.

Gehrckens, M., und T. Boersma. 2013. Zukunftsvision Retail – Hat der Handel eine Daseinsberechtigung? In *Digitalisierung des Handels mit ePace – Innovative E-Commerce-Geschäftsmodelle und digitale Zeitvorteile*, Hrsg. G. Heinemann, K. Haug, M. Gehrckens, und dgroup, 51–76. Wiesbaden: Springer Gabler.

gfm-nachrichten.de. 2014. Mobile payment: Ein globaler Schnappschuss. http://www.gfm-nachrichten.de/news/aktuelles/article/mobile-payment-ein-globaler-schnappschuss.html. Zugegriffen: 25. Aug. 2014.

Haug, K. 2013a. Digitale Potenziale für den stationären Handel durch Empfehlungsprozesse, lokale Relevanz und mobile Geräte (SoLoMo). In *Digitalisierung des Handels mit ePace – Innovative E-Commerce-Geschäftsmodelle und digitale Zeitvorteile*, Hrsg. G. Heinemann, K. Haug, M. Gehrckens und dgroup. 27–49. Wiesbaden: Springer Gabler.

Haug, K. 2013b. It's like air – It's everywhere: Herausforderungen und Chancen durch Social Media. Vortrag vor dem E-Commerce-Club Niederrhein vom 15. Mai 2013, Mönchengladbach.

Heinemann, G. 2014. *SoLoMo – Always-on im Handel, die soziale, lokale und mobile Zukunft des Shopping.* Wiesbaden: Springer Gabler.

Heinemann, G. 2015. *Der neue Onlinehandel: Geschäftsmodell und Kanalexzellenz im Digital Commerce*, 6. Aufl. Wiesbaden: Springer Gabler.

Heinemann, G., K. Haug, M. Gehrckens, und dgroup. Hrsg. 2013. *Digitalisierung des Handels mit ePace – Innovative E-Commerce-Geschäftsmodelle und digitale Zeitvorteile.* Wiesbaden: Springer-Gabler.

Hollensen, S. 2011. *Global Marketing: A Decision-Oriented Approach*, 5. Aufl. Harlow: Financial Times Prentice Hall.

IWB Internet World Business. 2013. Passion für eBay. *Internet World Business* 20 (13): 2.

Kollmann, T. 2013. *E-Business: Grundlagen elektronischer Geschäftsprozesse in der Net Economy*, 5. Aufl. Wiesbaden: Springer Gabler.

Kreutzer, R.T. 2014. *Praxisorientiertes Online-Marketing, Konzepte – Instrumente – Checklisten*, 2. Aufl. Wiesbaden: Springer-Gabler.

Laue, L. 2004. Faustformel für Multichannel-Management. In *Multichannel-Marketing-Handbuch*, Hrsg. O. Merx und C. Bachem, 81–96. Berlin: Springer.

Mahrdt, N., und M. Krisch. 2010. *Electronic Fashion – E-Shops für Luxusmode aufbauen und profitabel managen*. Wiesbaden: Gabler.

OC&C. 2012. Stationäre Eiszeit. Wie Online-Anbieter die Handelslandschaft verändern. Der OC&C-Proposition-Index 2012, Düsseldorf.

OC&C. 2014. Profil Los!…Zeigen Sie Profil, der Kunde erwartet es! Der OC&C-Proposition-Index 2014, Düsseldorf.

Reichwald, R., und F. Piller. 2009. *Interaktive Wertschöpfung – Open Innovation, Individualisierung und neue Formen der Arbeitsteilung*, 2. Aufl. Wiesbaden: Gabler.

Siebers, B. 2011. Vertrauensbildende Maßnahmen steigern den Umsatz. http://www.shopanbieter.de/news/archives/4542-vertrauensbildende-massnahmen-steigern-den-umsatz/. Zugegriffen: 28. Oct. 2010.

Über den Autor

Professor Dr. Gerrit Heinemann leitet das eWeb Research Center der Hochschule Niederrhein, wo er auch BWL, Managementlehre und Handel lehrt. Er hat BWL in Münster studiert und war danach Assistent bei Heribert Meffert, wo er auch über das Thema „Betriebstypenprofilierung textiler Fachgeschäfte" mit summa cum laude promovierte. Nach fast 20-jähriger Handelspraxis u. a. in Zentralbereichsleiter- und Geschäftsführerpositionen bei Drospa/Douglas und Kaufhof/Metro wurde Gerrit Heinemann 2005 an die Hochschule Niederrhein berufen. Er bekleidet verschiedene Aufsichtsratsfunktionen in E-Commerce- bzw. Handelsunternehmen, war lange Jahre stv. Aufsichtsratsvorsitzender der buch.de internetstores AG und begleitet Start-ups – wie z. B. die Good to Go Inc. in Sausalito – als Advisory Board. Neben rund 220 Fachbeiträgen ist Prof. Heinemann Autor und Herausgeber von 16 Fachbüchern zu den Themen Digitalisierung, E-Commerce,

Online- und Multi-Channel-Handel. Sein Buch „Der neue Online-Handel" kommt Anfang 2018 in neunter Auflage heraus und ist auch bereits in englischer sowie auch chinesischer Version erschienen. Er ist Gastprofessor am MCI – Management Centrum Innsbruck und an der LSoM – Leipzig School of Media.

Marketing Engineering im E-Commerce – den Kunden in den Fokus des Dialogs rücken

Stefan von Lieven und Sebastian Pieper

Zusammenfassung Kunden erwarten heute eine Marketing- und Servicekommunikation, die individuell, personalisiert, wertschätzend, schnell und nützlich ist. Doch was bedeuten diese Anforderungen für Unternehmen? Welche Herausforderungen müssen E-Commerce-Unternehmen bewältigen, um kundenzentriert diese Fähigkeiten zu erlangen? Und wie lassen sich die operativen Hürden in der Praxis überwinden? Welche Bedeutung haben 360-Grad-Kundensicht, operative Geschwindigkeit, Timing und Kontext dabei? Im folgenden Kapitel erfahren Sie, wie Sie Ihren Kundendialog strukturiert verbessern, die heutigen Anforderungen von Kunden erfüllen und Ihr Marketing so erfolgreicher machen.

S. von Lieven (✉) · S. Pieper
artegic AG, Bonn, Deutschland
E-Mail: Stefan.lieven@artegic.de

S. Pieper
E-Mail: Sebastian.pieper@artegic.de

© Springer Fachmedien Wiesbaden GmbH 2017
E. Stüber und K. Hudetz (Hrsg.), *Praxis der Personalisierung im Handel,*
DOI 10.1007/978-3-658-16244-3_2

Inhaltsverzeichnis

1   Herausforderungen im E-Commerce-Marketing

1.1   Überblick

E-Commerce-Unternehmen bewegen sich heutzutage in einem dynamischen, sich stetig wandelnden Marktumfeld. Wesentlicher Treiber dieses Wandels sind die steigenden Anforderungen von Kunden an die Marketing- und Servicekommunikation von Onlinehändlern. Kunden haben mehr Informations- und Entscheidungsmöglichkeiten als je zuvor und wissen, mit dieser „Konsumentenmacht" selbstbewusst umzugehen. Welche Faktoren kennzeichnen den selbstbewussten, anspruchsvollen Kunden von heute?

Vernetzt und Social: 34 % der deutschsprachigen Onlinenutzer sind auf Social Media Sites wie Facebook aktiv. Zwölf Prozent nutzen Internetforen (ARD und ZDF 2015). 72 % informieren sich vor einem Kauf auf Vergleichsplattformen über Produkte (TNS Infratest 2013). 61 % recherchieren Produktbewertungen online. Für ca. 57 % der Kunden haben solche Produktbewertungen einen wichtigen oder sogar sehr wichtigen Einfluss auf ihr Kaufverhalten. Für weitere 25 % sind sie zumindest eher wichtig (eKomi 2016). Kunden haben heutzutage eine Vielzahl an Möglichkeiten, um sich über Onlineshops sowie ihre Angebote zu informieren und auszutauschen. Nicht nur mit den Onlineshops selbst, sondern verstärkt auch mit anderen Kunden sowie (unabhängigen) Experten. Dadurch werden Kunden kritischer gegenüber Onlineshops und ihren Leistungen sowie den angebotenen Produkten.

Best-in-Class-Erwartung: Die Digitalisierung schafft maximale Markttransparenz. Kunden können sich weltweit informieren und eine Vielzahl von Lieferanten erreichen. Die Kunden kennen die Best-in-Class-Ansätze in Customer Experience sowie Servicequalität, nicht nur im E-Commerce, und messen die verschiedenen Anbieter daran. Was Amazon bietet, wird auch vom kleinen Long-Tail-Shop erwartet.

Wechselbereit: Kunden können sich nicht nur über jeden Onlineshop informieren, sondern auch beinahe jeden dieser Shops nutzen. Sie haben heutzutage eine Vielzahl an Entscheidungsmöglichkeiten zwischen verschiedenen (auch internationalen) Anbietern. Die Wechselbarrieren sind niedrig. Mit einem Klick ist der Kunde beim nächsten Anbieter oder direkt beim Hersteller, mit dem für ihn passenderen Angebot.

Always-on: 78 % der deutschsprachigen Onlinenutzer gehen heutzutage mobil per Smartphone ins Internet (ARD und ZDF 2015). 17 % der Smartphone-Nutzer haben schon einmal mit dem Gerät eingekauft, je jünger die Nutzer, desto größer der Anteil (Bitkom 2016). Zukünftig kommen mit z. B. Smartwatches, Wearables oder Connected Cars weitere internetfähige Endgeräte hinzu. Auf diesen Endgeräten nutzen Kunden eine Vielzahl an Kanälen, von E-Mail über Social Media, Messenger, SMS, Apps, Websites bis zu Geo-Location-Anwendungen. Kunden sind heutzutage Cross-Channel, Cross-Device und Always-on und das Gleiche erwarten sie von Onlineshops. Sie möchten gewünschte Informationen überall und jederzeit erhalten können, egal ob auf der Wohnzimmercouch oder in der U-Bahn und zwar auf jedem Endgerät, in jedem Kanal und angepasst an ihren jeweiligen Nutzungskontext.

Wie können Onlineshops dem Kunden von heute (und von morgen) gerecht werden? Die Marketing- und Servicekommunikation muss einen Paradigmenwechsel vollziehen. Weg vom Kampagnenfokus, hin zu einer Kommunikation, die den Kunden in den Mittelpunkt rückt. Was bedeutet Kampagnen- bzw. Kundenfokus?

1.2   Kampagnenfokus

Digitales Dialogmarketing, insbesondere E-Mail-Marketing, hat eine lange Tradition als besonders effiziente Form der Marketing- und Servicekommunikation. Bislang wurde digitales Dialogmarketing im E-Commerce jedoch meist aus der Innensicht betrieben. Die Frage war „Was möchte ich heute verkaufen?" und nicht „Was benötigt der Kunde in seinem aktuellen Nutzungskontext?". Die Kampagne steht im Fokus. Es gibt eine zentrale Botschaft, die vermittelt werden soll, z. B. „Der neue Samsung Smart-TV jetzt 20 % günstiger". Die Kampagne wird mit weitem Vorlauf geplant und an einem fixen Datum an ein bestimmtes Kundensegment versendet oder sogar gleich an alle Kunden im Verteiler. Es gilt das Broadcasting-Prinzip: der gleiche Inhalt, zur gleichen Zeit, an alle Kunden (oder zumindest eine große Gruppe). Bei einigen Kunden funktioniert die Kampagne und sie kaufen den Fernseher. Die Streuverluste sind jedoch hoch und bei manchen Kunden kann die Kampagne sogar eine negative Wirkung haben. Was· ist z. B. mit Kunden, die gerade erst einen Fernseher gekauft haben, evtl. sogar das beworbene Samsung-Gerät und diesen nun weitaus günstiger präsentiert bekommen? Wahrscheinlich wären diese Kunden verärgert. Andere fühlen sich möglicherweise belästigt, wenn sie regelmäßig Angebote bekommen, die sie nicht interessieren.

Auch wenn viele Onlineshops ihre Kampagnen nach Ablauf auswerten und die erhaltenen Informationen zur Optimierung der nächsten Kampagne nutzen, können Broadcasting-Kampagnen nie so weit optimiert werden, dass sie wirklich die Erwartungen an kundenzentrierte Kommunikation erfüllen. Kampagnenzentrierte Kommunikation richtet sich primär nach der eigenen Angebotspolitik aber nicht nach den (steigenden) Ansprüchen der Kunden.

1.3   Situation heute – Kundenfokus

Der Paradigmenwechsel in der digitalen Marketingtransformation besteht darin, den Kunden und seine Bedürfnisse in den Fokus zu stellen, nicht die Kampagne. Kundenorientierung ist das Schlagwort. Es gilt, ein individuelles Kundenverständnis aufzubauen und zur kontinuierlichen Optimierung der wahrgenommenen Customer Experience durch digitales Dialogmarketing zu nutzen. Kampagnen sind nicht fix terminiert, sondern werden durch Trigger im individuellen Lifecycle des einzelnen Kunden genau zum richtigen Zeitpunkt in Echtzeit gesteuert. Jeder Kunde erhält seine individuelle Kommunikation, angepasst an seine aktuellen Bedürfnisse sowie insbesondere den Nutzungskontext. Also beispielsweise an seine Produktvorlieben, seine Kaufhistorie, seinen Standort und sein aktuelles Verhalten. Grundlage dafür sind Kundendaten, die kontinuierlich an jedem Touchpoint erhoben und zentral zu einem Kundenprofil zusammengeführt werden. Jeder Kunde wird mit der richtigen Kommunikation genau in dem Moment im Lifecycle aktiviert, in dem seine Aufmerksamkeit für die kommunizierten Informationen oder die Wahrscheinlichkeit des Kaufs bzw. der angestrebten Aktion am höchsten sind. Verhaltensmuster werden auf Basis von vordefinierten Zielen analysiert und die Ansprachemechanik automatisiert ausgespielt. Dies steigert nicht nur direkt und kontinuierlich das Ergebnis, sondern sorgt insbesondere dafür, dass der Kunde die Kommunikation als relevant empfindet und damit insgesamt eine bessere Customer Experience wahrnimmt.

1.4   Operative Hürden für kundenzentrierte Kommunikation

Unternehmen haben die Notwendigkeit des Paradigmenwechsels grundsätzlich erkannt. 90 % sehen eine persönliche Customer Experience als wichtig oder sehr wichtig an, in der Praxis fühlen sich jedoch 80 % der Kunden NICHT persönlich wertgeschätzt (IBM 2015). Was ist der Grund für diese Lücke zwischen Anspruch und Realität? Die Gründe finden sich insbesondere in zahlreichen operativen Hürden, denen sich (nicht nur) Onlineshops gegenüber sehen.

- Die steigende Anzahl an Kanälen und Touchpoints macht die Customer Journey immer komplexer und damit unübersichtlicher.
- Die erforderlichen Daten für eine kundenzentrierte Kommunikation sind oft nicht vorhanden oder nicht nutzbar, da Zustimmungen

(Opt-ins) zur Kommunikation nicht eingeholt wurden oder die Daten nicht strukturiert und zentralisiert gespeichert wurden.

- Es mangelt an personellen Ressourcen, um die Anforderungen insbesondere im Kontext der benötigten, feingranularen Inhalte für eine kundenzentrierte Kommunikation umzusetzen.
- Die Vielzahl an Handlungsoptionen und die manifestierte alte Denkweise führen zu Entscheidungsunsicherheit.
- Die technische Infrastruktur ist für kundenzentrierte Kommunikation nicht ausgelegt.

Der erste Schritt in Richtung kundenfokussierter Kommunikation besteht darin, die Voraussetzungen zu schaffen, um diese Hürden sukzessive abbauen zu können. Eine geeignete IT-Infrastruktur, insbesondere mit Blick auf Daten und Marketing Automation, ist der Enabler für die Lösung der beschriebenen Marketing-Herausforderungen. IT wird damit zunehmend Aufgabe im Marketing. Laut einer Gartner-Studie werden CMOs im Jahr 2017 sogar mehr in Technologie investieren als CTOs (Gartner 2015). Marketing Engineering, der Einsatz von Informationstechnologie für daten- und systemgestütztes Marketing, wird damit zum Schlüssel des Paradigmenwechsels.

2   Paradigmenwechsel vollziehen

2.1   Überblick

Was ist zu tun, um den Paradigmenwechsel von der Innensicht zur Kundensicht, von Produkt zu Käufer, von Kampagne zu Lifecycle zu vollziehen und die operativen Hürden zu überwinden bzw. abzubauen? Wie sieht erfolgreiches Marketing Engineering in der Praxis aus? Zunächst ist es ratsam, einen Schritt zurückzugehen und sich von dem Anspruch zu verabschieden, alle denkbaren Aspekte kundenfokussierter Marketing- und Servicekommunikation in der höchsten Komplexitätsstufe schnellstmöglich abzubilden und alle Hürden auf einmal zu überwinden. Handlungsdruck und Versprechen der Lösungsanbieter suggerieren den Anspruch, eine 360-Grad-Sicht auf den Kunden durch Technologie zu etablieren, ihn mit Business Intelligence ins letzte Detail zu durchleuchten und ihm dann durch „magische" Algorithmen hyperpersonalisiert genau die Empfehlung zukommen zu lassen, die er kaufen wird. Obwohl das Ziel grundsätzlich richtig ist, ist es für die meisten Unternehmen nicht der wesentliche Schritt zur Kundenzentrierung und schon gar nicht der Erste. Ein entscheidender Fehler dabei ist es, dem Thema Daten die alleinige Bedeutung auf dem Weg zur Kundenzentrierung zuzusprechen. Daten sind nur einer von mehreren entscheidenden Erfolgsfaktoren. In der Praxis zeigen sich im Marketing Engineering vier konkrete Handlungsfelder, die Unternehmen beherrschen müssen, um den Paradigmenwechsel zu vollziehen: Kommunikation, Daten, operative Prozesse und Analyse – kurz PACD (für Process, Analytics, Communication and Data).

2.2 Kommunikation

Im Handlungsfeld Kommunikation geht es um die konkrete Ausgestaltung der Interaktion mit dem Kunden. Es gilt, alle Touchpoints bzw. Chancen in der Customer Journey zu identifizieren, an denen Kunden mit Marketing- oder Servicekommunikation aktiviert werden können. Für diese ist ein konsistenter Dialogablauf zu führen und zwar Cross-Channel – je nach Kontext per E-Mail, Social Media, SMS, Mobile Messenger, App und Web. Dabei ist zu bedenken, dass letztendlich alle Kommunikationen zum Gesamtbild der Customer Experience beitragen, egal ob sie aus dem Marketing, dem Service oder dem Warenwirtschaftssystem (Transaktionskommunikation) stammen. In einer wirklich konsistenten Kommunikation existiert nur ein Dialog, der alle diese Einzelkommunikationen integriert.

2.3 Daten

Die Grundlage für kundenzentrierte Kommunikation sind immer personenbezogene Daten. Im Handlungsfeld Daten geht es darum, die erforderlichen Daten für die Kommunikation in einer kundenzentrierten

Datensicht zusammenzuführen (Single Customer View). Alle Daten müssen in einem zentralen, dynamischen Profil vorliegen, auf das alle Kommunikationsmaßnahmen zugreifen können. Nur so ist gewährleistet, dass die Kommunikation über alle Touchpoints hinweg konsistent bleibt und im jeweiligen Kontext die richtigen, automatisierten Entscheidungen getroffen werden können. Bei vielen Onlineshops besteht jedoch noch die Hürde, dass relevante Kundendaten in verschiedenen Silos an unterschiedlichen Stellen verstreut liegen. Das führt z. B. dazu, dass männliche Kunden im Newsletter Frauenkleidung beworben bekommen, weil die Marketing Automation nicht auf die Profildaten aus dem Shop zugreifen kann und daher das Geschlecht des Kunden nicht kennt.

Neben der Verfügbarkeit von Daten ist auch die rechtssichere Erfassung und Verarbeitung eine wichtige Aufgabe. So ist z. B. die Erfassung und Verarbeitung personenbezogener Daten sowie das Bilden von verhaltensbasierten Profilen (Profiling) rechtlich nur zulässig, wenn dafür ein explizites Opt-in des Kunden vorliegt. Die Voraussetzung ist ein konsequentes Datennutzungsmanagement. Dazu muss auch die eingesetzte Technologie in der Lage sein, den Umfang des Profilings je nach Opt-in für den einzelnen Kunden zu steuern. Generell gilt es, die Gewinnung von Opt-ins an jedem verfügbaren Touchpoint konsequent zu forcieren. Viele Händler scheuen jedoch davor, die Generierung von Opt-ins an oberste Priorität zu setzen, aus Angst, potenzielle Käufer zu verschrecken. Zu Unrecht. Die geringe Anzahl möglicherweise durch z. B. ein Layer zur Newsletter-Anmeldung genervter Kunden wird durch die erhöhte Kaufwahrscheinlichkeit bei Kunden mit Opt-in mehr als wettgemacht.

2.4 Operative Prozesse

Im Handlungsfeld operative Prozesse geht es um die Beseitigung einer der zentralen Hürden für wirklich kundenzentrierte Kommunikation: die Reduktion von Komplexität durch die Automatisierung von Prozessen und Workflows. Individualisierung, Kontextsensitivität, Cross-Channel-Kommunikation, Testing und andere wesentliche Aufgaben im Zusammenhang der Kundenzentrierung führen alle zu operativem Aufwand, der sich durch technologiegestützte Prozessoptimierung (insbesondere Marketing Automation) gezielt senken lässt. Das ist auch erforderlich, da eine manuelle Bewältigung kaum möglich ist. Ein Beispiel ist das Content Processing. Viele Onlinehändler haben zwar genügend Daten sowie die passenden Technologien, um sehr kleinteilige Segmente oder sogar jeden Kunden individuell anzusprechen. Ihnen fehlen aber ausreichend granulare Inhalte, um jedem dieser Segmente auch etwas Eigenes präsentieren zu können, da die Aufgabe der Erstellung und Verarbeitung großer Mengen geeigneter Inhalte nicht beherrscht wird. Hier zeigt sich, dass nur das Zusammenspiel aller vier Erfolgsfaktoren Wirkung zeigen kann.

2.5   Analyse

Im Handlungsfeld Analyse gibt es zwei wesentliche Herausforderungen. Die erste Herausforderung besteht darin, den Erfolg der eingesetzten Maßnahmen durchgängig messbar zu machen und zwar nicht nur im Gesamtergebnis, sondern an jedem einzelnen Punkt der Wirkungskette. Nur so können die richtigen Stellschrauben zur Optimierung identifiziert werden, das heißt herausgefunden werden, welche Maßnahmen bzw. Faktoren funktionieren und welche nicht. Benchmarking und Scorecard-Modelle helfen dabei, sich selbst zu verorten. Die zweite große Herausforderung ist die Gewinnung von Insights über Kunden – sowohl übergreifend wie auch für jeden einzelnen Kunden. Scoring, Clustering, Muster- und Korrelationsanalysen oder multivariate Analyseverfahren helfen dabei, aus Daten ein Kundenverständnis zu entwickeln und die eingesetzten Maßnahmen zu optimieren.

2.6   Vorgehen

Für kundenzentrierte Marketing- und Servicekommunikation müssen alle vier Handlungsfelder und insbesondere ihre Interdependenzen berücksichtigt werden. In der Praxis hat sich ein Bottom-up-Vorgehen bewährt. Es gilt, zunächst einfache Maßnahmen umzusetzen und darauf aufbauend sukzessive die Komplexität der Maßnahmen zu steigern.

In den vier Erfolgsfaktoren Kommunikation, Daten, operative Prozesse und Analyse sollte hierbei gleichzeitig eine parallele und sukzessive Verbesserung der Fähigkeiten in den jeweiligen Maßnahmen vorgenommen werden. Es macht keinen Sinn, z. B. zunächst ein umfassendes Profiling zu etablieren, ohne die erfassten Daten auch sinnvoll nutzen zu können. Wirkung auf das Ziel (z. B. Umsatz) und Aufwand in der Umsetzung sollte bei der Auswahl bzw. Reihenfolge der umzusetzenden Maßnahmen im Vordergrund stehen. Bei einem Bottom-up-Vorgehen werden dazu die potenziell geeigneten Use Cases gewählt und gezielt die für deren Realisierung nötigen Faktoren in den vier Handlungsfeldern identifiziert und umgesetzt (z. B. welche Daten werden in welcher Qualität und Aktualität benötigt? Wie kann der Erfolg gemessen werden? Was ist operativ dafür zu tun? …).

Bereits mit wenigen Daten und ohne aufwendige technologische Anpassungen können oft schon ergebnisstarke Quick Wins erzielt werden. Timing, Geschwindigkeit und Kontextsensitivität sind meist stärkere Ergebnistreiber als (vermeintlich) exaktes Wissen über das einzelne Kundenbedürfnis. Die wesentlichen Trigger im Lifecycle zu identifizieren und mit automatisierten Follow-up-Maßnahmen zum richtigen Zeitpunkt zu reagieren, zahlt oft stärker auf das Ergebnis ein, als individualisierte Angebote auf Einzelkundenebene. Kurze, durch den Nutzungskontext gesteuerte „Anstöße" mit wenigen Inhaltsfragmenten sind effizienter als umfangreiche, langfristig geplante Newsletter, die versuchen, es jedem Nutzer durch möglichst viele Angebote Recht zu machen. Mit konsequentem Testing lassen sich schneller Optimierungserfolge erzielen als mit dem Einsatz komplexer Business-Intelligence-Verfahren.

3   Praxisbeispiele Marketing Engineering

3.1   Alle Gelegenheiten im Lifecycle nutzen

3.1.1 Überblick

Wie in Abschn. 1.2 erwähnt gilt es alle relevanten Chancen und Touchpoints im Customer Lifecycle zu identifizieren, das heißt, konkret die Frage zu beantworten: Zu welchen Zeitpunkten und in welchen

Kontexten ergeben sich Gelegenheiten, um Kunden mit nutzbringender Kommunikation zu erreichen? Eine Möglichkeit zur besseren Strukturierung besteht darin, die Gelegenheiten nach dem dort zu erzielenden Nutzen zu segmentieren. Das heißt danach, ob dort eine direkte Aktion angeregt werden soll (in der Regel ein Kauf), ob die Kundenbindung (z. B. durch hochwertigen Service) gesteigert werden soll, etc.

Alleine ein Kauf bietet bereits viele Gelegenheiten, Kunden mit Maßnahmen, für die nur wenige Daten benötigt werden, aber die trotzdem sehr effektiv sind, zu aktivieren. Im Folgenden werden einige Maßnahmen vorgestellt.

3.1.2 Transaktionsmails

Der automatisierte Versand von Bestell- und Versandbestätigungen gehört im E-Commerce seit Langem zum Standard und wird auch von den Kunden erwartet. Je nachdem, welchen Benchmark man zurate zieht, rangieren die Öffnungsraten solcher E-Mails zwischen 40 und 70 %. Viele Onlinehändler nutzen jedoch nur lieblos formatierte Textmails, die z. B. vom Warenwirtschaftssystem erstellt und versendet werden und vergeuden so viel Potenzial zur Aktivierung der Kunden. Stattdessen sollten Transaktionsmails in den Verantwortungsbereich des Marketings fallen, um diese, je nach Zielsetzung, zur Stärkung der Servicewahrnehmung und/oder Kaufaktivierung nutzen zu können.

Zur Stärkung der Servicewahrnehmung eignet sich z. B. die Integration zusätzlicher Servicefunktionen, wie die Möglichkeit, die Bestellung nachträglich anzupassen, von der Nachhauselieferung auf Click&Collect zu wechseln oder Mitarbeiter direkt zu kontaktieren.

Darüber hinaus sind Transaktionsmails die passende Gelegenheit für personalisierte Recommendations, insbesondere in Form von Cross- und Up-Sells. Für Kaufempfehlungen gibt es intelligente Technologien (Recommendation), die z. B. mittels Korrelationen aus Warenkörben oder Kundentypen entsprechende Angebote erstellen: „Wer x kauft, kauft wahrscheinlich auch y".

Auch hierbei gilt jedoch: Als erster Schritt reicht es aus, bzw. ist es bereits sehr effektiv, Cross Sells kategoriespezifisch auszuspielen. Kauft ein Kunde z. B. ein Produkt aus der Kategorie „DVD-Thriller", können ihm andere aktuelle Thriller auf DVD angezeigt werden. Dies ist lediglich eine simple Kategorie-Top- oder Neu-Liste und keine intelligente Empfehlung – aber es funktioniert. Unterstützt werden kann der Kaufimpuls durch den Kontext – z. B. den Social Proof: „Die Lieblingsthriller unserer Kunden in diesem Monat".

Wichtig: Für die Integration von werblichen Inhalten in Bestell- und Versandbestätigungen wird ein Opt-in des Kunden benötigt. Es macht also Sinn beim Versand von Transaktionsmails zu wissen, welcher Kunde ein Werbe-Opt-in gegeben hat und welcher nicht.

3.1.3 Zufriedenheitsbefragung

Hat der Kunde seine Bestellung erhalten und etwas Zeit, die erworbenen Produkte auszuprobieren, ist dies die perfekte Gelegenheit, um ihm eine kurze Zufriedenheitsbefragung zu den gekauften Produkten per Mail zu schicken sowie ihn als Influencer zu aktivieren. Hierbei reicht bereits ein simples Formular mit wenigen vorgegebenen Antwortmöglichkeiten. Gibt es bereits ein Bewertungssystem für Produkte im Onlineshop (Beispiel: „5 Sterne Produktbewertung" bei Amazon), sollte dies übernommen werden, sodass die Bewertung aus der Mail direkt im Shop verwendet werden kann. Zufriedenheitsbefragungen suggerieren dem Kunden Wertschätzung („Deine Meinung interessiert uns") und verbessern so die Kundenbindung. Für den Versand von Zufriedenheitsbefragungen werden (im ersten Schritt) nicht mehr Daten benötigt als das Kaufdatum und die gekauften Produkte.

Beantwortet der Kunde die Umfrage, ist dies eine passende Gelegenheit für weitere Folgemails, angepasst an das Umfrageergebnis. Gefallen ihm die Produkte, wird er dazu motiviert (evtl. mit einem Gutschein als Incentive), diese in Social Media weiterzuempfehlen oder ein Review auf der Produktseite im Shop zu verfassen. Durch Weiterempfehlungen kann die Reichweite über den eigenen Verteiler hinaus gesteigert werden. Außerdem wirken Kundenbewertungen/-empfehlungen authentischer und glaubwürdiger als Unternehmensinformationen. Ist der Kunde mit dem Kauf zufrieden, ist dies auch ein geeigneter Anlass für weitere Cross- und Up-Sells. Wenn der Kunde unzufrieden ist, sollte er eine Nachfass- bzw. Entschuldigungsmail erhalten, mit Services zur „Wiedergutmachung", z. B. der Möglichkeit, direkt einen Servicemitarbeiter zu kontaktieren oder detaillierteres Feedback zu liefern.

Außerdem können durch Zufriedenheitsbefragungen wichtige Insights gewonnen werden, die zur Optimierung der Angebote aber auch für Empfehlungen auf Kundenebene genutzt werden können. Wichtig: Kunden fühlen sich von einer zu hohen E-Mail-Frequenz schnell belästigt. Daher sollte innerhalb eines definierten Zeitraums, z. B. einem Quartal, immer nur eine Zufriedenheitsbefragung versendet werden, auch wenn der Kunde mehrfach gekauft hat. Moderne Marketing-Automation-Lösungen sind in der Lage, einen Kunden nach Versand einer E-Mail erst einmal für den definierten Zeitraum zu „parken", sodass er keine weiteren Mails des gleichen Typs erhält.

3.1.4 Reaktivierung

Hat der Kunde nach seinem letzten Kauf für eine gewisse Zeit (z. B. ein halbes Jahr) nicht mehr gekauft und/oder auf Kommunikation reagiert, sollte er reaktiviert werden. Reaktivierungsmails sind eine äußerst effiziente Maßnahme, um Umsätze zu steigern, da es kostengünstiger ist, bestehende Kunden zu reaktivieren als neue zu gewinnen. Wichtig ist dabei, individuell zu reaktivieren. Dabei können verschiedene Aspekte für Inaktivität berücksichtigt werden, um die Frequenz von Kommunikation zu justieren, den besten Kanal oder die richtige Incentivierung zu wählen.

Ein Beispiel (vgl. Tab. 1) wäre eine einfache Segmentierung nach Kaufaktivität und Aktivität in der Marketing- und Servicekommunikation mit jeweils eigenen Maßnahmen pro Segment. Jemand, der regelmäßig Angebote im Newsletter klickt aber nicht kauft, muss anders aktiviert werden als ein Nicht-Käufer, der nicht einmal mehr die Kommunikation öffnet. Auch für diese Lifecycle-Kommunikation werden nur wenige Daten benötigt. Das Datum des letzten Kaufs reicht aus, um die ersten Reaktivierungsmechaniken aufzusetzen.

Tab. 1 Verhaltensbasierte Reaktivierung. (Quelle: eigene Darstellung)

	Kauft	Letzter Kauf > 60 Tage	Letzter Kauf > 120 Tage	User hat noch nie gekauft
Öffnet nicht	Open Activation	Open Activation	Open Activation	Open Activation
Öffnet, Klickt nicht	Klick Activation	Order Starter	Order Starter (Versandkostenfrei)	Order Starter Neukunden Welcome 20 EUR
Klickt	–	Order Starter	Order Starter Coupon 20 EUR	Order Starter Neukunden Welcome 20 EUR

3.1.5 Wiederkauf-Erinnerung

Eine besondere Form der Reaktivierung sind Wiederkauf-Erinnerungen. Hat der Kunde ein Verbrauchsprodukt gekauft, das er regelmäßig wieder benötigt (z. B. Rasierklingen, Windeln oder der Nachkauf von Fotoabzügen), dann kann er nach einer „typischen Wiederkaufsfrist" per E-Mail an die Nachbestellung erinnert werden. Die typische Frist kann aus den durchschnittlichen Wiederkaufsintervallen des jeweiligen Produktes ermittelt werden. Im besten Fall sollte der Kunde die Frequenz in seinem Profil selbst bestimmen können. Wiederkauf-Erinnerungen, die dem Kunden den Kauf so einfach wie möglich machen, werden als hochwertiger Service wahrgenommen und steigern die Kundenbindung.

3.1.6 Produktgeburtstag

Geburtstagsmails zum Kundengeburtstag versendet heutzutage jeder. Ein eher ungewöhnlicher und daher aufmerksamkeitsstarker Anlass ist hingegen der Produktgeburtstag. Dieser ist eine gute Gelegenheit für Cross- und Up-Sells oder um den Kunden um eine Bewertung/Weiterempfehlung zu bitten („Sind Sie noch zufrieden?"). Produktgeburtstage eignen sich nur für Produkte mit langer Lebensdauer, z. B. ein Fernseher oder eine hochwertige, teure Outdoor-Jacke. Die Produkte sollten daher im Warenwirtschaftssystem entsprechend markiert werden. Es sollten natürlich auch keine Geburtstagsmails für Produkte versendet werden, die der Kunde wieder retourniert hat.

3.1.7 Willkommensstrecke

Neuen Kunden sind oftmals nicht von Anfang an alle Aspekte und Vorteile des Shops bekannt. Welches Sortiment bietet der Shop an? Gibt es besondere Vorteile? Wie funktioniert das Bonusprogramm? Oder Click&Collect? Was ist mit digitalen Zusatzservices? Gibt es auch eine App? Viele Neukunden kennen nach dem ersten Kauf nur wenige Details zum Anbieter. Im Rahmen einer mehrstufigen Willkommensstrecke können die Leistungen und Vorteile vermittelt werden. Dabei erhält der Kunde in gewissen zeitlichen Abständen E-Mails, von denen jede einen oder mehrere Aspekte des Shops erklären. Der Kunde dankt es mit einer besseren Wahrnehmung des USPs, einer stärkeren Kundenbindung und höherer Kaufbereitschaft. Willkommensstrecken können nicht nur für den Shop genutzt werden, sondern auch für ausgewählte Produkte, die erklärungsbedürftig sind, z. B. eine komplexe Software oder einen Zusatzservice.

3.2   Per Geofencing mobile Nutzer aktivieren

Wer sowohl online als auch stationär verkauft, muss auch für beide Vertriebskanäle kommunizieren, im besten Fall integriert, um ein konsistentes Kundenerlebnis zu schaffen. Location-based Marketing und Services beziehen den Nutzungskontext mobiler Kunden mit ein und sind einer der wichtigsten Trends im Marketing (artegic AG 2016). Auch hierbei gilt: Den Kunden unterwegs, im richtigen Kontext, zum richtigen Zeitpunkt mit passenden Informationen zu erreichen, ist meist wirksamer als ein inhaltlich hochindividualisiertes Angebot.

Was sind marketing- und servicerelevante Nutzungskontexte? An erster Stelle ist der Standort des Kunden (bzw. seines Smartphones) zu nennen. Der Standort lässt sich z. B. über das Geofencing-Verfahren erkennen. Hierbei wird ein „unsichtbarer Zaun" um einen Ort (z. B.

eine Filiale) errichtet. Betritt der Kunde das „eingezäunte" Gebiet, wird ein Trigger ausgelöst und der Kunde kann in einem digitalen Dialogkanal (z. B. per App Push Notification, E-Mail, SMS oder Messenger) angesprochen werden. Laut einer aktuellen Studie von Gettings und Goldmedia teilen bereits 56 % der deutschen Smartphone-Nutzer mehrmals im Monat Unternehmen ihren Standort mit, um Location-based Services nutzen zu können. Besonders spannend für den Handel: Ebenfalls 56 % erhalten gerne standortbezogene Angebote, z. B. Coupons für Filialen in ihrer Nähe (Goldmedia 2015).

Das größte Potenzial für Geofencing liegt in Maßnahmen, die mobile Kunden zu einem Kauf in einer nahe gelegenen Filiale motivieren. Betritt der Kunde z. B. den Geofence und verlässt ihn kurz darauf wieder, dann ist er mutmaßlich an der Filiale vorbeigegangen. Er erhält, je nachdem ob er eine App installiert hat oder nicht, eine Push Notification oder eine SMS mit Anreiz umzukehren und in das Ladengeschäft zu kommen. Ist er nach fünf Minuten noch im Geofence, so erhält er eine E-Mail mit einer aktuellen Aktion oder Informationen zu Produkten im Ladengeschäft, die für ihn interessant sein können. Verlässt der Kunde den Geofence wieder (im besten Falle nach einem getätigten Kauf), so erhält er ein Dankeschön – z. B. einen Gutschein für einen Kaffee.

Für Geofencing wird eine Technologie zur Standortbestimmung des Kunden benötigt. Eine Möglichkeit besteht darin, dass der Kunde eine App mit entsprechender Funktion installiert, die sich in Echtzeit mit dem Geofencing-System synchronisiert und dabei die GPS-Koordinaten des Kunden mit den Geofence-Koordinaten abgleicht. Weitere Möglichkeiten sind Bluetooth- oder WLAN-basierte Systeme wie Beacons oder ZIDNY, die reagieren, sobald der Kunde ihren Senderadius betritt. Auch für die Standortbestimmung ist eine Einwilligung des Kunden erforderlich.

Wirklich kundenzentrierte Maßnahmen gehen noch einen Schritt weiter und berücksichtigen über den Standort hinaus weitere (mobile) Nutzungskontexte, um die Maßnahme individuell an die aktuellen Bedürfnisse des Kunden anzupassen. Der Kontext Wetter kann beispielsweise genutzt werden, um Angebote zu wetterabhängigen Aktivitäten zu bewerben („Die neueste Bademode fürs Freibad" versus „Blu-Rays für den gemütlichen verregneten Filmeabend"). Weitere Ideen: Kunden, die sich bei Regen in der Fußgängerzone aufhalten, dazu einladen, sich in der Filiale unterzustellen oder Kunden, die bei gutem Wetter zu Hause sitzen, zu einem Shopping-Trip in die Innenstadt motivieren.

Noch einen Schritt weiter Richtung wirklich kundenzentrierter Maßnahmen geht, wer neben werblichen Angeboten zusätzliche Services integriert, die den Kaufvorgang für den Kunden vereinfachen. Warum den mobilen Kunden nicht mit Google Maps verbinden und direkt zur nächsten Filiale navigieren? Der Kunde hat es eilig und gerade keine Zeit zum Shoppen? Mit einem Klick lassen sich die beworbenen Angebote in der Wunschfiliale zurücklegen, zur späteren Beschäftigung im Onlineshop/App Warenkorb „zwischenlagern", direkt nach Hause schicken oder ein Beratungstermin mit einem Mitarbeiter vereinbaren, der die Angebote schon einmal raussucht. Wie das funktioniert? Aus der Maßnahme wird in das für den Service „zuständige" System verlinkt und bei Klick ein Trigger mitgegeben, der dort die gewünschte Aktion ausführt, z. B. das beworbene Produkt in den Warenkorb legt.

3.3   Optimierung durch multivariates Testing

Auch beim Thema Optimierung der Kommunikationsmaßnahmen gilt: Es muss nicht direkt die komplexe Business-Intelligence-Technologie sein, die berechnet, welche Ausprägungen der relevanten Faktoren beim einzelnen Kunden am besten funktionieren. Eine sehr effiziente Maßnahme für den Anfang besteht in multivariatem Testing. Beim multivariaten Testing werden verschiedene Ausprägungen eines Faktors einfach ausprobiert, um die Ausprägung mit der höchsten Erfolgswahrscheinlichkeit zu identifizieren. Es ist sowohl möglich, jeden Faktor einzeln zu testen (z. B. fünf verschiedene Call-to-Action-Buttons) als auch in Kombination zueinander (z. B. fünf verschiedene Call-to-Action-Buttons und drei verschiedene Ansprachen). Mit der Anzahl der getesteten Faktoren und Faktorausprägungen steigt auch die Anzahl der verschiedenen Testvarianten und damit die Komplexität des Verfahrens.

Multivariates Testing kann als Pre-Test oder als Test im laufenden Betrieb durchgeführt werden. Bei Pre-Tests wird für jede zu testende Variante eine repräsentative Testgruppe aus dem Gesamtverteiler herausgelöst und mit einer Testvariante verschickt. Nach Ablauf einer bestimmten Zeit wird die Variante mit der besten Performance automatisiert an den Rest des Verteilers verschickt. Bei einem Test im laufenden Betrieb wird der gesamte Verteiler gesplittet und mit den verschiedenen Testvarianten beschickt. Der Pre-Test eignet sich nur bei (Broadcasting) Kampagnen an den gesamten Verteiler oder an Cluster, die ausreichend groß sind, um repräsentative Testgruppen bilden zu können.

Zum einen macht es nicht bei jeder Art von Kampagne Sinn, sie auf den einzelnen Kunden zu fokussieren. Wer z. B. allen Kunden seinen neuen Click&Collect-Service vorstellen möchte, braucht keine kundenfokussierte Kommunikation. Zum anderen werden über multivariate Tests meist eher formale Faktoren getestet. Die Ergebnisse eines verteilerübergreifenden Tests auf den Call-to-Action haben eine höhere Allgemeingültigkeit als ein Test auf konkrete Angebote/Inhalte, weshalb multivariate Tests auch für die kundenzentrierte Kommunikation sehr bedeutsam sind. Besser als ein gemeinsames Ergebnis sind Ergebnisse (optimale Varianten) nach Kundentypen. Darüber hinaus lässt sich multivariates Testing im laufenden Betrieb auch individuell für jeden Kunden durchführen. So kann z. B. die optimale Ansprache in der Newsletter-Betreffzeile dadurch ermittelt werden, dass über mehrere Versände hinweg verschiedene Ansprachen getestet und die Öffnungsraten miteinander verglichen werden. Moderne Marketing-Automation-Software führt solche kundenindividuellen Tests vollständig automatisiert durch.

3.4   Automatisiertes Content Processing

Kundenfokussierte Marketing- und Servicekommunikation mit individuellen Inhalten benötigt eine hohe Anzahl an passendem granularem Content. Je feiner die Individualisierung betrieben wird, desto spezifischer muss dieser Content sein und desto mehr einzelne Fragmente werden benötigt. Dies erweist sich für viele Marketer als Flaschenhals. Sie haben zwar die Daten und die Technologie, um Inhalte individuell an einzelne Nutzer anzupassen, es sind aber nicht ausreichend oder ungeeignete Inhalte verfügbar oder die personellen Kapazitäten fehlen, um vorhandenes Material aufzuarbeiten.

Im E-Commerce handelt es sich bei diesen Inhalten in der Regel um Produkte. Die benötigten Inhalte (Texte, Grafiken, Produktinformationen usw.) bzw. die zur Erstellung selbiger benötigten Fragmente sind meist schon an verschiedenen Stellen im Unternehmen vorhanden: Marketing, Vertrieb, Produkt Management, Category Management, Warenwirtschaftssystem usw. In der Praxis werden jedoch oft noch manuelle Prozesse eingesetzt, um aus einer Auswahl an Produkten ein Kampagnen-Briefing zu erstellen, dieses dann im Marketing oder über eine Agentur aufzubereiten, durch berufene Stelle freigeben zu lassen und im schlechtesten Falle von vorne zu beginnen, um einzelne Änderungen durchzuführen. Bei der für Individualisierung, Testing und gegebenenfalls Mehrsprachigkeit nötigen Variantenanzahl ist dies nicht händelbar. Der Prozess muss daher automatisiert bzw. zumindest systemunterstützt werden.

Eine clevere Möglichkeit neben geeigneten Content-Management-Systemen oder Workflows in ERP ist der Einsatz von Excel Sheets, in denen das Briefing auf Produkt-ID-Basis erstellt wird und die im Weiteren automatisiert zu Kampagnen verarbeitet werden können (artegic AG 2013). Hierbei übernimmt das verarbeitende Marketing-Automation- bzw. Kampagnen-System die Generierung der Kampagnen aus Briefing und Produktdaten (z. B. aus dem Shop oder einem Produkt-Informationsmanagement-System PIM). Das System fügt nun die Inhalte, die in den Zellen stehen, bzw. dort verknüpft wurden, automatisch an den richtigen Stellen in der Maßnahme (etwa im Newsletter) ein. So müssen bei jeder Änderung nur die betroffenen Inhalte im Excel Sheet geändert werden. Die manuelle Bearbeitung eines Briefings entfällt und über die strukturierte Erfassung können Individualisierungs- oder Testvarianten sowie Sprachen einfach erweitert werden.

4   Fazit

Die Digitalisierung verändert das Marktumfeld von Onlinehändlern fundamental. Dies gilt insbesondere für die Kunden, die heutzutage vernetzt, mobil, always-on und wechselbereit sind sowie Best-in-Class-Ansprüche an die Marketing- und Servicekommunikation Onlineshops stellen. Um diesen Ansprüchen gerecht zu werden, gilt es, im Marketing eine digitale Transformation zu vollziehen, die den Kunden radikal in den Fokus rückt und nicht die eigene Angebotspolitik. Marketing Automation begleitet jeden einzelnen Kunden in seiner Customer Journey entlang der Ziele im Lifecycle, angepasst an seine aktuellen Bedürfnisse sowie den Nutzungskontext. Um diese Transformation, diesen „Paradigmenwechsel", zu vollziehen, müssen Onlineshops Aufgaben in vier Handlungsfeldern beherrschen: Kommunikation, Daten, Prozesse und Analyse.

Doch Unternehmen stehen vor zahlreichen operativen Hürden, die sie bei der Beherrschung dieser Aufgaben behindern. Dazu gehört insbesondere die steigende Komplexität, die sich durch Aufgaben wie Cross-Channel-Kommunikation, Datennutzungsmanagement, dem Verständnis verzweigter Customer Journeys oder Kontextsensitivität ergeben. Um die nötigen Aufgaben konsequent und rasch zu bewältigen, sollten Onlineshops ein sukzessives Bottom-up-Vorgehen wählen. Bereits einfache Maßnahmen, die wenig Daten und technologische Integration benötigen, können signifikante Ergebnisse liefern, die schneller und effizienter sind als hochkomplexe Individualisierungsmethoden auf Einzelkundenebene. Geschwindigkeit, Timing und Kontextsensitivität sind wichtiger als ein vermeintlich lückenloses detailliertes Kundenverständnis und hyperpersonalisierte Recommendations.

Literatur

ARD und ZDF. 2015. ARD-ZDF Onlinestudie 2015. http://www.ard-zdf-onlinestudie.de/. Zugegriffen: 22. Dez. 2016.
artegic AG. 2013. PAYBACK setzt auf personalisierte Kundenansprache. https://www.artegic.de/eCRM/PAYBACK-setzt-auf-personalisierte-Kundenansprache-mit-artegic_0cq-5b3.html. Zugegriffen: 22. Dez. 2016.

artegic AG. 2016. 5 digitale Marketing Trends bis 2018. https://www.artegic. de/marketing-trends. Zugegriffen: 22. Dez. 2016.

Bitkom. 2016. Online-Shopping mit dem Smartphone ist im Kommen. https://www.bitkom.org//Presse/Presseinformation/Online-Shopping-mit-dem-Smartphone-ist-im-Kommen.html. Zugegriffen: 22. Dez. 2016.

eKomi. 2016. Mit Kundenbewertungen den Umsatz steigern. http://insights. ekomi.com/wp-content/uploads/2016/01/eKomi_infographic.png. Zugegriffen: 22. Dez. 2016.

Gartner. 2015. *CMO spend survey 2015: Eye on the buyer.* Stamford: Gartner.

Goldmedia. 2015. Neue Studie zur Nutzung von Location Based Services. LBS-Dienste boomen. http://www.goldmedia.com/blog/2013/09/neue-studie-zur-nutzung-von-location-based-services-lbs-dienste-boomen/. Zugegriffen: 22. Dez. 2016.

IBM eConsultancy. 2015. *Listening to the customer: 7 New research findings.* London: eConsultancy.

TNS Infratest. 2013. Online-Preisvergleichsportale voll im Trend – Smartphone- und Tabletnutzer vergleichen besonders gerne. https://www.tns-infratest.com/ presse/presseinformation.asp?prID=3270. Zugegriffen: 22. Dez. 2016.

Über die Autoren

Stefan von Lieven (CEO – artegic AG) studierte Maschinenbau und BWL an der RWTH Aachen und ist Mitgründer der artegic AG – einem Anbieter von Online-CRM-Technologie und Beratung. Von Lieven verfügt über eine lang- jährige Erfahrung in der Onlinebranche und engagiert sich in Verbänden und als Gastdozent für die Modernisierung von Kundenbeziehungen über digitales Dialogmarketing.

Sebastian Pieper (Manager Marketing – artegic AG) ist als Manager Marketing verantwortlich für die organisatorische und fachliche Führung des Marketings und PR-Teams sowie die Planung und Umsetzung strategischer Marketingprojekte bei der artegic AG. Der International Marketing & Media Manager M. A. und gelernte Medienkaufmann war zuvor bei THQ Entertainment sowie als Freelancer im Bereich Marketing & Kommunikation tätig.

Ein Reifegradmodell für die Personalisierung im E-Commerce

Christian Schieder und Fabian Blaser

Zusammenfassung Automatisierte, kundenindividuelle Produkt- und Content-Empfehlungen über alle Verkaufskanäle hinweg sind heute das Maß der Dinge im Onlinehandel. Auf dem Weg dorthin durchlaufen Händler typischerweise verschiedene Entwicklungsstufen, von starren, manuellen Empfehlungsprozessen bis hin zu voll automatisierten, selbstlernenden und von Softwareagenten gesteuerten Empfehlungs- und Verkaufsprozessen in Echtzeit. Das Personalisierungsreifegradmodell gibt Anwendern auf diesem Evolutionspfad Anleitung und Wegweisung. Es hilft dabei, den eigenen Entwicklungsstand einzuschätzen und die nächsten Schritte zu definieren. Der Beitrag stellt in fünf Entwicklungsstufen den Reifegrad der Personalisierung dar, die jeweils in den drei Dimensionen Organisation,

C. Schieder (✉)
BHS Corrugated, Weiherhammer, Deutschland
E-Mail: cschieder@bhs-corrugated.de

F. Blaser
prudsys AG, Chemnitz, Deutschland
E-Mail: f.blaser@prudsys.com

© Springer Fachmedien Wiesbaden GmbH 2017   **47**
E. Stüber und K. Hudetz (Hrsg.), *Praxis der Personalisierung im Handel*,
DOI 10.1007/978-3-658-16244-3_3

Fachlichkeit und Technik mit insgesamt 19 Bewertungskategorien charakterisiert sind. Anhand eines Fallbeispiels aus der Praxis werden die Anwendung des Modells und die Berechnung des Reifegradindex demonstriert.

Inhaltsverzeichnis

1   Einleitung

Methoden der Personalisierung im E-Commerce-Sektor zählen zu den bedeutendsten verkaufsfördernden Maßnahmen, die zur Optimierung der Kundeninteraktion zum Einsatz kommen (Zhao et al. 2015). Wie eine Studie aus dem Jahr 2015 zeigt, sind sich viele Unternehmen über die damit verbundenen Herausforderungen ebenso wenig im Klaren, wie über die sich ergebenden Chancen (Mindtree 2015). Dies ist nur ein Grund, weshalb eine ganzheitliche Bewertung des Standes der Personalisierung in Unternehmen geboten ist. Eine derartige Bewertung legt die Basis für die Standortbestimmung der eigenen Personalisierungsfähigkeiten und zeigt auf, welche Entwicklungspfade zur Verbesserung der personalisierten Kundeninteraktion gangbar sind – in Bezug auf personalisierte Empfehlungen im Shop oder im Newsletter ebenso, wie im Hinblick auf dynamische Preissteuerung zur Optimierung des personalisierten Einkaufserlebnisses. Trotz der hohen Relevanz der Thematik existiert unseres Wissens nach derzeit kein Modell, das Unternehmen einen Leitfaden auf Grundlage aller dieser Aspekte an die Hand geben würde. Ziel dieses Beitrags ist es daher, diese Lücke zu schließen und ein Reifegradmodell für die Personalisierung vorzustellen.

Das in diesem Beitrag vorgestellte Reifegradmodell für die Personalisierung im E-Commerce ist im Rahmen einer Kooperation zwischen der Technischen Universität Chemnitz und der prudsys AG entstanden. Ziel dieser Kooperation war die Entwicklung eines Modells, das eine Bewertung der Personalisierungslösungen von Unternehmen im E-Commerce-Bereich ermöglicht. Diese Bewertung schlägt sich in fünf Reifegradstufen nieder, die jeweils in drei Dimensionen mit mehreren Bewertungskategorien definiert sind. Durch die Beantwortung eines Fragenkatalogs erfolgt die Einordnung der Unternehmen auf eine dieser Reifegradstufen. Auf Grundlage dieses Fragenkatalogs kann für jedes Unternehmen ein Index berechnet werden, welcher den aktuellen Personalisierungsreifegrad repräsentiert. Weiterhin soll das Modell Unternehmen bei der Erfassung von Herausforderungen sowohl im fachlichen, im organisatorischen als auch im technischen Bereich unterstützen. Das Modell kann dabei helfen, Schwächen in verschiedenen Gestaltungsbereichen von Personalisierungslösungen transparent zu machen und zeigt, welche Maßnahmen eingesetzt werden können, um gezielt Verbesserungen vorzunehmen.

Das Modell wurde nach wissenschaftlichen Maßstäben iterativ entwickelt und mit ersten Praxispartnern qualitativ positiv evaluiert. Zum Zeitpunkt der Abfassung dieses Beitrags findet eine umfangreiche quantitative Evaluation statt. Neben der inhaltlichen Evaluation des Reifegradmodells im Hinblick auf die 19 Bewertungskategorien, erfolgt darüber hinaus auch eine Untersuchung des Erhebungsinstruments in Form eines 44 Items umfassenden Fragebogens.

Im Folgenden werden zunächst kurz die theoretischen Grundlagen des Reifegrads im Kontext der Personalisierung vorgestellt. Daraufhin wird in Abschn. 3 das Personalization Maturity Model (PMM) mit seinen fünf Reifegradstufen vorgestellt. Das Modell unterscheidet den Reifegrad der Personalisierung in drei Dimensionen, deren genauere Betrachtung sich in Abschn. 4 anschließt. Die eigentliche Bewertung wird mit einem Reifegradindex realisiert, den Abschn. 5 erläutert. Abschließend zeigt in Abschn. 6 eine Fallstudie die Anwendung des Modells anhand der Bewertung eines realen Falls aus der Praxis.

2   Reifegrad und Personalisierung

2.1   Überblick

Nach der grundlegenden Definition des Reifegrads im Kontext von Personalisierung wird das Reifegradmodell zur Evaluation von Unternehmen im Bereich des E-Commerce vorgestellt: das Personalization Maturity Model (PMM). Durch Nutzung dieses Modells können Personalisierungslösungen im E-Commerce unterschiedlichen Reifegradstufen zugeordnet werden. Diese Einstufung erlaubt die Bewertung einer existierenden Lösung und macht damit transparent, in welchen Bereichen ein Unternehmen im Hinblick auf Personalisierung wie gut aufgestellt ist und in welchen Bereichen noch Verbesserungsbedarf besteht.

2.2   Reifegradbetrachtungen im Allgemeinen

Im Kontext der Softwareentwicklung gewann die Prozessperspektive Ende der 80er-Jahre immer mehr an Bedeutung. Um die Tauglichkeit dieser Prozesse bewerten zu können, wurden in den darauffolgenden Jahren dezidierte Reifegradmodelle entwickelt, welche wie folgt definiert sind:

> „Mit Hilfe von Reifegradmodellen wird die Arbeitsweise von Unternehmen oder Projekten vor allem bei der Entwicklung von Software und Systemen bewertet. Die Modelle bieten dabei eine Unterteilung in unterschiedliche Reifegrade. Die Reifegrade werden als Benchmark für die Reife eines Unternehmens verwendet" (Jacobs 2014).

Neben Prozessen werden in der IT mithilfe von Reifegradmodellen auch Systeme hinsichtlich ihrer Arbeitsweise bzw. Eignung in Bezug auf die Erfüllung bestimmter Aufgaben bewertet. Die Nutzung von Reifegradmodellen zur Evaluierung lässt sich dabei häufig einem oder mehreren der folgenden drei Anwendungsszenarien zuordnen (Röglinger und Kamprath 2012):

- Deskriptiv: Reifegradmodelle dienen der Feststellung des momentanen Evolutionsstands.
- Präskriptiv: Auf Basis des Reifegradmodells kann die Ableitung von Verbesserungsmöglichkeiten erfolgen.
- Komparativ: Reifegradmodelle fungieren als Grundlage für Benchmarkings.

Ein Beispiel hierfür ist das verbreitete Business Intelligence Maturity Model (BIMM) (Chamoni und Gluchowski 2004). Zur Entwicklung dieses Modells wurden zunächst die wesentlichen Kernbereiche und -kompetenzen für die Bewertung von analytischen Informationssystemen ermittelt. Anschließend wurden diese Schlüsselelemente anhand einzelner Ausprägungen bewertet und diese Bewertungen wiederum einzelnen Reifegradstufen zugeordnet. Um eine BI-Reifegradstufe zu erreichen, muss ein Unternehmen die entsprechenden Fähigkeiten besitzen, die in der jeweiligen Stufe zusammengefasst sind.

2.3   Reifegrad im Kontext der Personalisierung

Im Hinblick auf die Personalisierung beschreibt ein Reifegrad die Fähigkeit eines Unternehmens, Personalisierungsmaßnahmen geeignet durchzuführen. Es existieren verschiedene Kriterien und Anforderungen, auf deren Grundlage die Bewertung der Personalisierungsfähigkeiten eines Unternehmens vorgenommen wird. Durch einen unterschiedlichen Erfüllungsgrad dieser Kriterien ergibt sich die Einordnung auf definierten Reifegradstufen. Ein hoher Personalisierungsreifegrad ist somit ein Indikator für eine höhere Fähigkeit eines Unternehmens, Personalisierungsmaßnahmen durchzuführen.

In Bezug auf die drei zuvor allgemein vorgestellten Anwendungsszenarien dient auch dieses Personalisierungsreifegradmodell drei wesentlichen Zielen:

- **Deskriptiv:** Unternehmen sollen den Istzustand ihrer Fähigkeit in Bezug auf Personalisierung bewerten können, um mittels einer kritischen Auseinandersetzung mit den eigenen Fähigkeiten die Grundlage für deren Weiterentwicklung zu legen.
- **Präskriptiv:** Es soll transparent aufgezeigt werden, in welchen Bereichen Verbesserungsbedarf besteht, um eine zielgerichtete Ausrichtung der bisher getroffenen Maßnahmen zur Umsetzung der Personalisierung zu gewährleisten.
- **Komparativ:** Die Vergleichbarkeit mit anderen Unternehmen soll ermöglicht werden.

Im nachfolgenden Kapitel werden die zentralen Kernbereiche und -kompetenzen herausgearbeitet, die den Reifegrad der Personalisierung in Unternehmen beschreiben. Anschließend folgt die Analyse dieser Kernbereiche hinsichtlich der erreichbaren Ausprägungen. Diese werden wiederum einzelnen Reifegradstufen zugeordnet und legen so fest, welche Kriterien in einem Unternehmen erfüllt sein müssen, damit ein bestimmter Personalisierungsreifegrad vorliegt.

3   Personalisierungsreifegradstufen

Das PMM besteht aus insgesamt fünf Reifegradstufen, wobei Stufe 1 den niedrigsten und Stufe 5 den höchsten Reifegrad darstellt. Abb. 1 stellt das Modell im Überblick dar. Die nachfolgenden Abschnitte diskutieren die Reifegradstufen im Einzelnen.

Durch eine Einordnung in dieses Modell können E-Commerce-Unternehmen eine Bewertung ihrer Personalisierungsfähigkeiten vornehmen. Des Weiteren lässt sich so erkennen, in welchen Bereichen Verbesserungen getroffen werden müssen, um die nächsthöhere Reifegradstufe zu erreichen.

Reifegradstufe 1 – Uniform Customer Experience
Die niedrigste Stufe stellt die der Uniform Customer Experience dar. Lösungen, welche auf dieser Ebene angesiedelt sind, nehmen keinerlei Unterscheidung von Nutzern bezüglich der Ausspielung von Angeboten

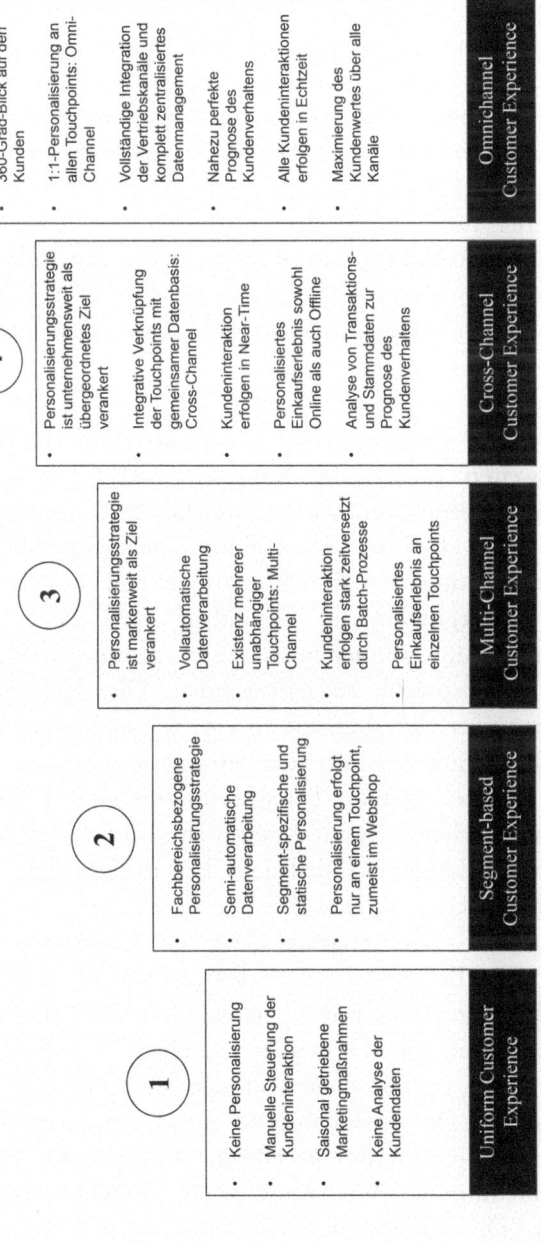

Abb. 1 Reifegradstufen des PMM. (Quelle: Eigene Darstellung)

und Inhalten vor. Jedem Nutzer werden unabhängig vom genutz-
ten Touchpoint die gleichen Produkte bzw. Inhalte präsentiert. Von
Unternehmensseite aus werden alle anfallenden Kundeninteraktionen
manuell initiiert und gesteuert. Marketingmaßnahmen sind in
der Regel abhängig von der Saison bzw. von Kampagnen, unterliegen aber ebenfalls einer manuellen Steuerung. Die anfallenden Daten der Kunden werden nicht analysiert und haben somit
auch keinerlei Einfluss auf das Ausspielen von Empfehlungen. Die
Prozesse im Unternehmen sind nicht bzw. nur sehr schlecht auf
das Thema Personalisierung ausgerichtet. Ein Grund dafür ist, dass
Lösungen dieser Reifegradstufe in aller Regel keiner übergeordneten
Personalisierungsstrategie unterliegen.

Reifegradstufe 2 – Segment-based Customer Experience
Auf der zweiten Ebene, der Segment-based Customer Experience,
finden sich Unternehmen wieder, welche im Gegensatz zur vorhergehenden Ebene bei der Ausspielung von Empfehlungen erstmals
eine Differenzierung der Kunden vornehmen. Durch eine statische
Einteilung in Segmente auf Grundlage persönlicher Eigenschaften
können Kunden mit ähnlichen Interessen gebündelt und so mit einer
gemeinsamen Ansprache bedacht werden. Die dabei vorgenommene
Personalisierung erfolgt aber nur an einem Touchpoint, welcher in der
Regel der Web-Shop ist. Eine Verarbeitung der anfallenden Daten wird
nicht mehr manuell, sondern bereits semi-automatisch durchgeführt. In
Unternehmen, welche sich auf dieser Reifegradstufe befinden, existieren
häufig für einen Fachbereich dedizierte Personalisierungsstrategien.

Reifegradstufe 3 – Multichannel Customer Experience
Den zentralen Bestandteil der dritten Ebene, der Multichannel
Customer Experience, stellt das personalisierte Einkaufserlebnis an einzelnen Touchpoints dar. Es existieren mehrere Touchpoints (stationär,
Onlineshop, App, etc.) an denen Kunden mit dem Unternehmen inter-
agieren können. Die personalisierte Ausspielung von Empfehlungen
erfolgt in Abhängigkeit des jeweiligen Touchpoints, wobei allerdings
eine Kombination des Wissens über alle Touchpoints hinweg nicht
gegeben ist. Die Verarbeitung der anfallenden Daten geschieht auf

dieser Reifegradstufe vollautomatisch. Die Kundeninteraktion von E-Commerce-Lösungen dieser Ebene erfolgt zeitversetzt im Rahmen von Batch-Prozessen. Eine Personalisierungsstrategie ist markenweit als festes Ziel verankert.

Reifegradstufe 4 – Cross-Channel-Customer-Experience

Die vierte Stufe, die Cross-Channel-Customer-Experience, zeichnet sich durch eine integrative Verknüpfung verschiedener Touchpoints aus. Grundlage dieser Verknüpfung bildet eine gemeinsame Datenbasis über alle Channels hinweg. Die daraus resultierende Interaktion mit dem Kunden erfolgt in near-real-time. Auf diese Weise soll dem Kunden sowohl offline als auch online ein personalisiertes Einkaufserlebnis geboten werden. Die Nutzung sowohl von Stamm- als auch von Transaktionsdaten dient der Gewährleistung einer hohen Güte der ausgespielten personalisierten Empfehlungen. Unternehmen dieser Reifegradstufe sind weiterhin durch eine unternehmensweite Verankerung der Personalisierungsstrategie als übergeordnetes Ziel charakterisiert.

Reifegradstufe 5 – Omnichannel Customer Experience

Die höchste Reifegradstufe 5 wird als Omnichannel Customer Experience bezeichnet. Durch eine 360-Grad-Sicht auf den Kunden können ihm über alle Channels hinweg optimierte Eins-zu-eins-Empfehlungen ausgespielt werden. Durch eine nahezu perfekte Prognose des Kundenverhaltens können so ausschließlich die für ihn relevantesten Inhalte angezeigt werden. Ein zentrales Datenmanagement stellt sicher, dass alle für eine Empfehlung wichtigen Informationen für jeden Verkaufskanal zur Verfügung stehen, egal über welchen Channel diese Informationen ursprünglich erhoben wurden. Die Interaktionen mit dem Kunden finden auf dieser Stufe in Echtzeit statt. Unternehmen dieser Reifegradstufe können somit eine Maximierung des Kundenwertes über alle Kanäle erreichen.

4   Dimensionen des Reifegrads der Personalisierung

4.1   Überblick

Das PMM setzt sich aus den drei Untersuchungsbereichen Fachlichkeit, Organisation und Technik zusammen. Dieses Kapitel gibt einen Überblick über die zentralen Inhalte dieser drei Dimensionen. Jede Dimension umfasst mehrere Bewertungskategorien, wobei jede Kategorie drei bis maximal fünf Ausprägungen besitzen kann.

4.2   Fachlichkeit

Die Dimension Fachlichkeit bündelt alle wesentlichen Aspekte, die aus fachlicher Sicht für das Thema Personalisierung im E-Commerce relevant sind. Dazu zählen insgesamt acht Kategorien, die in Abb. 2 dargestellt sind: personalisierte Touchpoints, Zeithorizont der Kundeninteraktion, Produktangebot, Inhalte, Shopdesign, Preisdifferenzierung, Steuerung der Interaktion und der Individualisierungsgrad der Interaktion.

Die Anzahl der Touchpoints, über welche Personalisier-ungsmaßnahmen durchgeführt werden können, stellt eine Kategorie dar. Je mehr Touchpoints personalisiert werden können und je stärker die einzelnen Touchpoints miteinander verknüpft sind, desto höher ist die erreichbare Ausprägung.

In welchem Zeithorizont die Interaktion mit dem Kunden erfolgt, ist ein weiterer wesentlicher Faktor bei der Bestimmung des Personalisierungsreifegrads. Reagiert ein Unternehmen nur träge auf Verhaltensänderungen der Kunden, z. B. in Form regelmäßiger Werbekampagnen oder werden auf Basis eines eben angeschauten Produkts dynamisch dazu passende Empfehlungen generiert? Je dynamischer und schneller diese Interaktion erfolgt, desto höher ist der Reifegrad in dieser Kategorie.

Die Personalisierung der Kundenansprache gliedert sich insgesamt in vier Unterkategorien, wobei alle vier Kategorien die gleichen Ausprägungen

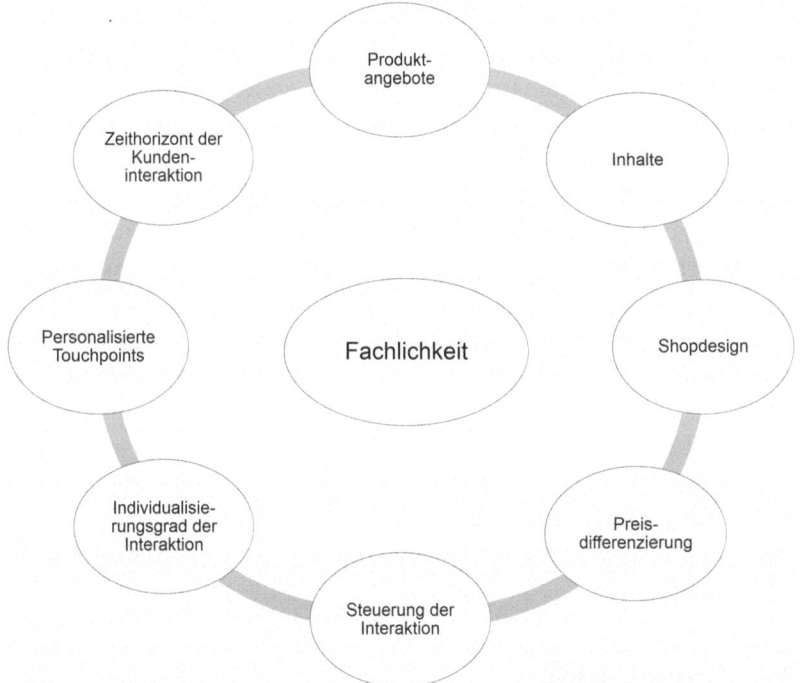

Abb. 2   Dimension Fachlichkeit. (Quelle: Eigene Darstellung)

besitzen. Eine manuelle Anpassung des Produktangebotes, des präsentierten Inhalts, des Shopdesigns und des Preises stellt die niedrigste Ausprägung dar. Die nächsthöheren Stufen werden zunächst durch eine statische Segmentierung und im Weiteren durch eine dynamische Einteilung in Segmente erreicht. Die höchste Ausprägung ist die perfekte Eins-zu-eins-Personalisierung, sodass jedem Kunden jederzeit die für ihn relevantesten Produkte bzw. Inhalte in einer individualisierten Shopumgebung zum für ihn besten Preis angeboten werden.

Einen weiteren Überbegriff stellt die Personalisierung sonstiger Kundenprozesse dar. Dazu kann z. B. die Ausspielung von Incentives bei Gefahr eines drohenden Warenkorbabbruchs gezählt werden. Der Reifegrad von Lösungen in dieser Hinsicht wird in Form von zwei Kategorien repräsentiert: die Steuerung der Interaktion und der

Individualisierungsgrad der Interaktion. Keine bzw. eine manuell initiierte Interaktion stellt dabei die niedrigste Ausprägung dar. Eine vorhandene Automatisierung dieser Prozesse bildet die nächste Entwicklungsstufe. Ist diese Automatisierung dann noch heuristisch getrieben, wird direkt Ausprägung drei erreicht. In einer weiteren Entwicklungsstufe erfolgt die Steuerung der Interaktion datengetrieben auf Grundlage aktueller Session-Daten. Eine Kombination von historischen Transaktions- und aktuellen Session-Daten zur Ausspielung einer Interaktion stellt die höchste Form der Interaktionssteuerung dar. Je besser die Interaktion auf den einzelnen Kunden abgestimmt ist, desto höher ist die zu erreichende Wertung im Rahmen des Individualisierungsgrads der Interaktion. Von keiner Individualisierung über ein festgelegtes Incentive nach Eintreffen einer bestimmten Bedingung (z. B. Verweildauer im Warenkorbbildschirm zu hoch) bis hin zur Ausspielung einer personalisierten Interaktion auf Basis historischer und aktueller Session-Daten können hier fünf Reifegradstufen erreicht werden.

4.3   Organisation

Alle organisatorischen Aspekte, die für die Bestimmung des Reifegrads der Personalisierung relevant sind, werden in der Dimension Organisation dargestellt. Diese besteht aus insgesamt sechs, in Abb. 3 dargestellten Kategorien: Aufbauorganisation, Ablauforganisation, Personalisierungsstrategie, Steuerung der Personalisierung, Metaüberprüfung und Qualitätssicherung sowie Datenqualitätsmanagement.

Die Aufbauorganisation gibt an, wie die Verantwortlichkeiten bezüglich des Themas Personalisierung im Unternehmen verteilt sind. Werden Personalisierungsaufgaben als Teilaufgaben anderer Bereiche (z. B. CRM) mit erledigt, so ist dies zwar nicht optimal aber trotzdem besser als eine Ad-hoc-Aufgabenverteilung. Explizit zugewiesene Personalisierungsrollen stellen die nächsthöhere Ausprägung dar. Sind darüber hinaus noch eine eindeutige Aufgabendifferenzierung und klare Vertretungsregeln gegeben, hat ein Unternehmen in dieser Kategorie die fünfte und damit höchste Ausprägung erreicht.

Abb. 3   Dimension Organisation. (Quelle: Eigene Darstellung)

Die organisatorische Steuerung der Geschäftsprozesse ist Bestandteil der Ablauforganisation. Wie auch bei anderen Kategorien repräsentiert eine Ad-hoc-Ausgestaltung der Geschäftsprozesse die niedrigste Ausprägung. Liegt zumindest eine definierte Prozessbeschreibung vor, befindet sich das Unternehmen auf Stufe 2. Ist diese Beschreibung verbindlich, wird das Merkmal für die Stufe 3 erfüllt. Orientieren sich die ablaufenden Geschäftsprozesse gar an etablierten Standards, wie z. B. ITIL, so ist ein Unternehmen in diesem Bereich bezüglich Personalisierung gut aufgestellt und erreicht hier die maximal erreichbare Ausprägung.

Die Bereitstellung notwendiger Ressourcen und die Priorisierung von Personalisierungsaufgaben basiert auf den Entscheidungen der Personalisierungsstrategie. Existiert keinerlei Strategie, hat dies negative Auswirkung auf eventuell durchzuführende Personalisierungsmaßnahmen.

Eine fachbereichsbezogene Strategie stellt die zweite Ausprägung dar. Besitzt ein Unternehmen für eine Marke oder eine Tochtergesellschaft eine einheitliche Strategie, so erfüllt es alle Voraussetzung für die dritte Ausprägung. Ist die Personalisierungsstrategie unternehmensweit verankert und auch kommuniziert, stellt dies den wünschenswerten Zustand in dieser Kategorie dar.

Die Steuerung der Personalisierung gibt an, auf welche Art und Weise die ablaufenden Prozesse auf ihre Korrektheit hin überprüft werden. Findet keinerlei Überprüfung statt, so ist dies äquivalent zur niedrigsten Ausprägung in dieser Kategorie. Eine Verbesserung dieser Situation stellt eine Ad-hoc-Kontrolle dar. Findet die Überwachung relevanter Kennzahlen durch passives Monitoring automatisch statt, so hat das Unternehmen die dritte Ausprägungsstufe erreicht. Im nächsten Entwicklungsschritt existiert ein reaktives Controlling, das eine aktive und manuelle Steuerung der ablaufenden Prozesse erlaubt. Ist man bei der Anpassung nicht mehr auf manuelle Interaktion angewiesen, sondern erfolgen Änderungen automatisiert auf Grundlage der Ergebnisse des Monitorings, so wird in dieser Kategorie die höchste Entwicklungsstufe erreicht.

Eine Metaüberprüfung zur Sicherstellung einer angemessenen Qualität bildet die nächste Kategorie der Dimension Organisation. Darunter wird die Untersuchung aller der vorher genannten Kategorien auf ihre Richtigkeit und ihre korrekte Funktionsweise verstanden. Unterschieden werden die drei Ausprägungen keine, Ad-hoc- und institutionalisierte Metaüberprüfung.

Die sechste und damit letzte Kategorie dieser Dimension wird durch das Datenqualitätsmanagement repräsentiert. Diese ist durch eine ständige Kontrolle der syntaktischen und semantischen Korrektheit der verwendeten Daten charakterisiert. Ebenso wie bei der vorhergehenden Kategorie der Metaüberprüfung werden hier die Ausprägungen keine, Ad-hoc- und institutionalisiertes Datenqualitätsmanagement unterschieden.

4.4 Technik

Die Dimension Technik beinhaltet alle wesentlichen Aspekte, welche für die technische Umsetzung einer geeigneten Personalisierungslösung notwendig sind. Diese besteht aus insgesamt fünf Kategorien, welche in Abb. 4 visualisiert sind: IT-Architektur, Entwicklungsumgebung, Datenart, Datensynchronisation, Datengranularität.

Die fünf Kategorien der Dimension Technik lassen sich zwei Überkategorien zuordnen: der Systeminfrastruktur und der Dateninfrastruktur. Ein wesentlicher Bestandteil der Systeminfrastruktur ist die Kategorie der IT-Architektur. Diese repräsentiert die zugrunde liegende

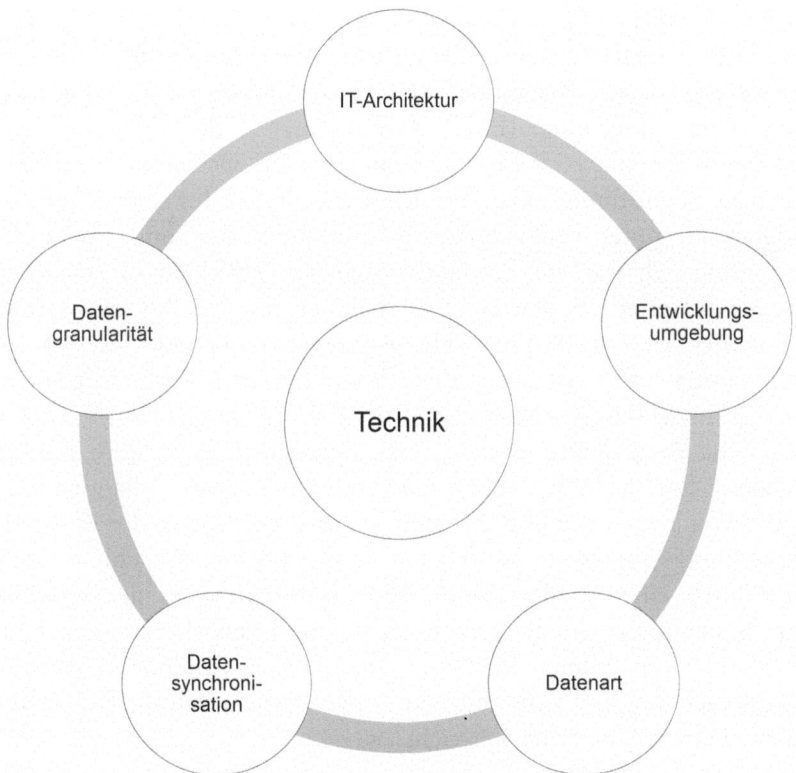

Abb. 4 Dimension Technik. (Quelle: Eigene Darstellung)

technische Plattform, auf welcher die Personalisierungslösung ausgeführt wird und dessen Ressourcen sie nutzt. Eine Integration der
Personalisierungslösung in den eigenen Onlineshop per Plug-in stellt
hierbei die niedrigste erreichbare Ausprägung dar. Bildet ein dedizier-
ter Server die technische Grundlage, so ist dies auf Ausprägungsstufe 2
abgebildet. Aufgrund der höheren Ausfallsicherheit stellt eine Master-
Slave-Architektur eine Verbesserung dar und repräsentiert damit
Ausprägung 3. Hat ein Unternehmen zusätzlich zur Master-Slave-
Architektur noch einen Loadbalancer zur Lastverteilung integriert,
so erreicht dieses Unternehmen in der Kategorie Architektur bereits
Stufe 4. Eine elementare Verbesserung in diesem Bereich stellt einzig
der Betrieb einer Cluster-Architektur mit integriertem Master-Slave-
Loadbalancer dar. Wenn ein Unternehmen diese Architektur als tech-
nische Grundlage ihrer Personalisierungsaktivitäten im Einsatz hat,
erreicht es in dieser Kategorie die höchste Entwicklungsstufe.

Einen weiteren Bestandteil der Systeminfrastruktur bildet die
Entwicklungsumgebung (E/T/P-Architektur) – die Entwicklungs-/
Test- und Produktivsystem-Umgebung. Im Entwicklungssystem wer-
den neue Algorithmen oder Ähnliches erstellt, im Testsystem auf ihre
Tauglichkeit unter Realbedingungen hin untersucht und, wenn der
Test erfolgreich war, im Produktivsystem schließlich in die täglichen
Prozesse integriert. Besitzt ein Unternehmen nur ein Produktivsystem
und weder Test- noch Entwicklungssysteme, so befindet es sich auf
Ausprägungsstufe 1. Ist neben dem Produktivsystem noch ein gemeinsames Entwicklungs- und Testsystem existent, hat das Unternehmen
die zweite Ausprägung erreicht. Für die nächsthöhere Stufe müssen
dedizierte Entwicklungs-, Test- und Produktivsysteme vorhanden sein.
Sind davon jeweils mehrere vorhanden, so erreicht man in der Kategorie
Entwicklungsumgebung Ausprägung 4. Die höchste erreichbare Stufe
wird durch eine Sandbox-Architektur repräsentiert, in der verschiedene Systeminstanzen dynamisch erzeugt und verwaltet werden können. Sind Unternehmen im Besitz einer solchen Sandbox-Umgebung
zur Entwicklung und zum Test neuer Algorithmen, dann haben sie die
maximal erreichbare Stufe 5 erreicht.

Den zweiten großen Komplex der Dimension Technik bildet die Dateninfrastruktur, der wiederum drei Kategorien zugeordnet sind. Unter der Kategorie Datenart wird zusammengefasst, welche Art von Daten als Personalisierungsgrundlage genutzt werden. Die ausschließliche Nutzung von Produktstammdaten ist Bestandteil der ersten Ausprägungsstufe. Wenn zur Ausspielung von personalisierten Empfehlungen zusätzlich Produkt- auch Kundenstammdaten genutzt werden, so sind die Kriterien für Stufe 2 erfüllt. Eine Ergänzung durch historische Transaktionsdaten stellt eine Verbesserung auf die nächste Stufe dar. Kann der Empfehlungsalgorithmus neben den bisher vorgestellten Datenarten auch noch aktuelle Session-Daten verarbeiten, rechtfertigt dies eine Einstufung auf Ausprägung 4. Ist ein Unternehmen in der Lage, alle der vorgestellten Datenarten noch zusätzlich mit externen Daten anzureichern, so erfüllt dieses Unternehmen in der Kategorie Datenart die Kriterien für Stufe 5.

Die der personalisierten Empfehlung zugrunde liegenden Daten stammen aus verschiedensten Datenquellen. Für deren optimale Nutzung ist eine Datensynchronisation elementar, welche gleichzeitig die vierte Kategorie der Dimension Technik darstellt. Eine manuelle Synchronisation aller verwendeten Daten stellt die niedrigste Ausprägung dar. Findet der Datenabgleich semi-automatisch statt, so berechtigt dies eine Einstufung in Ausprägungsstufe 2. Die dritte und damit höchste erreichbare Ausprägung ist durch eine vollautomatische Datensynchronisation gekennzeichnet.

Die sechste und letzte Kategorie dieser Dimension ist die Kategorie Datengranularität. Je feingranularer die Daten sind, desto bessere Empfehlungen können ausgespielt werden. Je mehr Attribute die Empfehlungslogik zur Verfügung hat, desto genauer können passende Inhalte/Produkte empfohlen werden. Stehen einem Unternehmen ausschließlich wenig detaillierte Daten zur Verfügung, also Daten mit nur wenigen Attributen, leidet die Güte der Empfehlungen darunter (Stufe 1). Die Nutzung hochdetaillierter Daten wird durch Stufe 2 repräsentiert. Eine zusätzliche Einteilung der zu empfehlenden Inhalte/Produkte in Kategorien stellt eine Verbesserung auf Ausprägungsstufe 3 dar. Können zu den hochdetaillierten und kategorisierten Daten außerdem noch Hierarchisierungen vorgenommen werden, ist die vierte und damit höchste Ausprägung der Kategorie Datengranularität erreicht.

5   Reifegradindex

Grundlage der Bewertung eines Unternehmens und damit der Einordnung in dieses Reifegradmodell bildet ein Fragenkatalog mit 44 Fragen. Bei vollständiger Beantwortung dieses Fragebogens kann das Unternehmen in jeder Kategorie der drei Dimensionen einer eindeutigen Ausprägung zugeordnet werden. Mithilfe folgender Formel lässt sich schließlich ein globaler Personalisierungsindex bestimmen:

$$P_x = \frac{r_{max}}{\sum_{i=1}^{n} g_{k_i}} * \sum_{i=1}^{n} \frac{k_i}{k_{i,max}} * g_{k_i}$$

Legende:
P_x = Personalisierungsindex von Unternehmen x
r_{max} = Höchste erreichbare Reifegradstufe {Standardwert := 5}
k_i = Bewertung der Untersuchungskategorie i
$k_{i,max}$ = Maximal erreichbare Bewertung der Untersuchungskategorie i
g_{k_i} = Gewichtung der Untersuchungskategorie i
n = Gesamtzahl der Untersuchungskategorien über alle Dimensionen

P_x repräsentiert den globalen Personalisierungsindex eines Unternehmens. Der Faktor vor dem Summenzeichen dient der Normierung über alle Gewichtungen, die unternehmensspezifisch anpassbar sind, um individuelle Schwerpunkte zu setzen. r_{max} entspricht der höchsten erreichbaren Reifegradstufe, standardmäßig ist dies Stufe 5. Jeder einzelnen Kategorie kann eine eigene Gewichtung zugeordnet werden. Bei der Bewertung der Kategorien können drei bis fünf Ausprägungen erreicht werden. Die jeweilig maximal erreichbare Ausprägung wird durch $k_{i,max}$, die tatsächlich erreichte Ausprägung durch ki repräsentiert. Der Quotient von k_i und $k_{i,max}$ wird mit der zugehörigen Gewichtung multipliziert. Jetzt kann die Summe über alle erreichten Ausprägungen, im Verhältnis zu ihrer

Maximalausprägung, multipliziert mit ihrer Gewichtung, berechnet werden. Die Multiplikation dieses Werts mit dem Faktor vor der Summe, durch welchen eine Normierung bezüglich der Gewichtungen erreicht wird, ergibt schließlich den tatsächlichen Personalisierungsindex des Unternehmens.

6 Fallstudie

Abschließend wird der Einsatz des PMM anhand eines Fallbeispiels verdeutlicht. Dem Beispiel liegt ein reales Unternehmen zugrunde. Einige Annahmen wurden verfremdet und durch erfahrungsbasierte Daten über Struktur und Eigenschaften eines typischen mittelständischen Versandhändlers im Textilbereich ersetzt. Die Bewertungen der einzelnen Kategorien werden in einem Workshop mithilfe eines Fragebogens ermittelt. Durch eine vollständige Beantwortung der Fragen wird für jede Kategorie eine Bewertung vorgenommen. Anhand derer kann dann wiederum ein Personalisierungsindex für jede Dimension bestimmt werden. Fasst man die Bewertungen über alle Kategorien zusammen, so kann der vollständige Personalisierungsreifegrad für das gesamte Unternehmen bestimmt werden.

Die Tab. 1 zeigt die Bewertung der einzelnen Items und die sich daraus ergebenden Indizes pro Konstrukt sowie den Gesamtpersonalisierungsreifegrad eines Beispielunternehmens. Die Bewertung soll die Ableitung differenzierter Entwicklungsschritte unterstützen.

Handlungsempfehlungen in der Dimension Technik
Die Dimension Technik befindet sich mit einem Indexwert von 3,35 bereits auf einem höheren Level. Aus diesem Grund liegt eine sehr vorteilhafte Ausgangssituation für Personalisierungsmaßnahmen aller Art vor.

Für das Item Datenart sind keine strukturellen Veränderungen nötig. An dieser Stelle würde sich stattdessen der Einsatz einer Reinforcementbasierten Empfehlungsmaschine anbieten, die ohne historische Daten auskommt. Moderne Empfehlungsmaschinen arbeiten in Echtzeit

Tab. 1 Beispiel für die Evaluationsergebnisse. (Quelle: eigene Darstellung)

Konstrukt	Ausprägung	Bewertung	Max. Bewertung	Index
Technik	IT-Architektur	4	von 5	3,35
	Entwicklungsumgebung	2	von 5	
	Datenart	2	von 5	
	Datensynchronisation	3	von 3	
	Datengranularität	3	von 4	
Organisation	Aufbauorganisation	4	von 5	2,90
	Ablauforganisation	1	von 4	
	Personalisierungsstrategie	2	von 4	
	Steuerung der Personalisierung	3	von 5	
	Metaüberprüfung	2	von 3	
	Datenqualitätsmanagement	2	von 3	
Fachlichkeit	Personalisierte Touchpoints	2	von 5	1,94
	Zeithorizont der Kundeninteraktion	1	von 5	
	Produktangebote	2	von 4	
	Inhalte	1	von 4	
	Shopdesign	1	von 4	
	Preisdifferenzierung	2	von 4	
	Steuerung der Interaktion	2	von 5	
	Individualisierungsgrad der Interaktion	3	von 5	
	Gesamt			2,61

und tracken das Verhalten ihrer (potenziellen) Kunden im Livebetrieb ab dem ersten Klick. Auf Grundlage dieser Daten wird ein Modell gelernt. Damit wird eine hochwertige Datenbasis mit sehr gutem Informationsgehalt geschaffen und gleichzeitig für dieses Item die höchste Personalisierungsstufe erreicht.

Handlungsempfehlungen in der Dimension Organisation
Insgesamt liegt die Dimension Organisation bei einem Wert von 2,90. Bei Betrachtung der einzelnen Kategorien kann zunächst die Bewertung der Ablauforganisation (1 von 4) als schwächstes Item identifiziert werden. Diesbezüglich sind aktuell keine Prozesse im Zusammenhang mit Personalisierung definiert. Deshalb ergibt sich hieraus als möglicher Entwicklungsschritt zunächst eine Grundstruktur zu schaffen. So könnten Teams gebildet werden, die festgeschriebene Rollen und Verantwortlichkeiten für Personalisierung bestimmter Geschäftsprozesse innehaben. Diese Maßnahmen könnten beispielsweise die Onsite-Personalisierung oder Callcenter-Personalisierung betreffen. Dieses Vorgehen wirkt gleichzeitig positiv auf die Aufbauorganisation ein und ist somit ein besonders starker Hebel zur Erhöhung des Personalisierungsreifegrads.

Die Personalisierungsstrategie, welche mit zwei von vier Punkten bewertet wurde, sollte in einem nächsten Schritt auf einer übergreifenden Ebene im Unternehmen angesiedelt werden. Konkret sollten die fachbereichsweiten Personalisierungsstrategien auf eine markenweite Personalisierungsstrategie ausgedehnt werden. In der Folge können Verantwortlichkeiten auf mehrere Schultern verteilt werden und Ziele dadurch möglicherweise schneller erreicht werden. Gleichzeitig erfolgt eine Sensibilisierung der gesamten Belegschaft für die Thematik und kann zur künftigen gemeinsamen Ideenfindung genutzt werden.

Die Steuerung der Personalisierung wurde mit drei von fünf Punkten beurteilt. Die Steuerungsmaßnahmen (z. B. Monitoring, Auswertungen, etc.) sollten als Teil der Prozessbeschreibungen mit aufgenommen werden (siehe Ablauforganisation). Auf diese Weise kann eine Überwachung der eigenen Zielstellungen und -größen in fest definierten Intervallen mit konkreten Verantwortlichkeiten festgelegt werden. Daneben sollte auch ein Ausbau der Nutzung von Analysesoftware in Erwägung gezogen werden. Der Einsatz von A/B-Testing und die Teil-Automatisierung der Steuerungsprozesse erweist sich hier als besonders sinnvoll.

Handlungsempfehlungen in der Dimension Fachlichkeit
Für die Dimension Fachlichkeit liegt der Indexwert bei 1,94. In den Kategorien personalisierte Touchpoints, Zeithorizont der Interaktion, Produktangebote und Individualisierungsgrad der Interaktion ließen sich durch die Anbindung einer Empfehlungsmaschine große Fortschritte erzielen. Diese Maßnahme ist für alle angebundenen Touchpoints umsetzbar. An dieser Stelle besteht die Möglichkeit eines sukzessiven Expandierens (z. B. Beginn im Onlineshop, danach Callcenter etc.). Bei den personalisierten Touchpoints könnte der Fokus zunächst auf Onlineshop und Callcenter liegen. Nachgelagert besteht die Möglichkeit, die mobile Version und Paketbeileger zu personalisieren.

Der Zeithorizont der Interaktion lässt sich mit einer Empfehlungsmaschine verbessern, die in der Lage ist, mit jedem einzelnen Kunden in Echtzeit zu interagiert. Tracken, Lernen, Analysieren und Reaktion erfolgt individuell und in Echtzeit (hier sind Antwortzeiten im Bereich von 10–35 ms möglich). Auch die Produktangebote können mit einer Empfehlungsmaschine personalisiert und vollautomatisch für jeden einzelnen Kunden generiert werden. Diese sind in jedem Interaktionskanal ausspielbar.

Der Individualisierungsgrad der Interaktion kann durch weiterführende Nutzung des Wissens der Kundeninteraktion (z. B. auf Grundlage von Klicks) auf die höchste Stufe gehoben werden. Das generierte Wissen kann beispielsweise zur Prävention von Warenkorbabbrüchen eingesetzt werden. In diesem maximalen Reifegrad kann in der Folge individuell auf die Bedürfnisse des einzelnen Kunden eingegangen werden.

Literatur

Chamoni, P., und P. Gluchowski. 2004. Integrationstrends bei Business-Intelligence-Systemen – Empirische Untersuchung auf Basis des Business Intelligence Maturity Model. *Wirtschaftsinformatik* 46 (2): 119–128.

Jacobs, S. 2014. Reifegradmodelle. http://www.enzyklopaedie-der-wirtschafts-informatik.de/lexikon/is-management/Systementwicklung/reifegradmo-delle. Zugegriffen: 13. Juli 2016.

Mindtree. 2015. Winning in the age of the customer. https://www.mindtree.com/personalization/global/pdf/mindtree-survey-report-personalization-global.pdf. Zugegriffen: 13. Juli 2016.

Röglinger, M., und N. Kamprath. 2012. Prozessverbesserung und mit Reifegradmodellen – eine Analyse ökonomischer Zusammenhänge. *Zeitschrift Für Betriebswirtschaft* 82 (5): 509–538.

Zhao, Q., Y. Zhang, D. Friedman, und F. Tan 2015. E-commerce recommen-dation with personalized promotion. Proceedings of the 9th ACM confe-rence on recommender systems – RecSys '15, 219–226.

Über die Autoren

Dr. Christian Schieder begleitet seit 15 Jahren Unternehmen bei der Umsetzung analytischer Informationssysteme. Er hat seine Erkenntnisse in diesem Bereich in zahlreichen wissenschaftlichen Publikationen dokumen-tiert. Als Senior Architect Smart Services unterstützt er die BHS Corrugated in der Gestaltung von Datenarchitekturen zur Bereitstellung von intelligenten Services.

Fabian Blaser ist Masterand im Studiengang Business Intelligence & Analytics an der Technischen Universität Chemnitz und war im Rahmen seines Studiums an der Erstellung des hier vorgestellten Personalization Maturity Models beteiligt. Als Working Student Professional Services bei der prudsys AG befasst er sich in seiner Masterarbeit mit der Evaluierung von Unternehmen auf Grundlage des PMM.

Personalisierte Preise im Handel – Chancen und Herausforderungen

Michael Schleusener

Zusammenfassung Personalisierte Preise werden von Politik und Handel stark diskutiert. Davon abzugrenzen ist die dynamische Preisbildung, bei der vor allem in Abhängigkeit von Wettbewerbspreisen häufige Preisanpassungen gemäß bestimmter Regeln vorgenommen werden. Ziel der personalisierten, also der individuellen Preise ist es, die Preisbereitschaften der Konsumenten vollständig abzuschöpfen. Dem stehen jedoch einige Hindernisse entgegen. Zunächst die eindeutige und zuverlässige Identifizierung des Kunden, dann aber auch sein Suchverhalten im Wettbewerbsumfeld und die Frage, in welchem Verhältnis bei einem Multichannel-Händler die personalisierten Preise zu den Preisen im Stationärgeschäft stehen sollen. Schließlich können die Kunden die individuellen Preise als unfair ansehen und entsprechend negativ reagieren. Außerdem können sie durch Änderung ihres Surfverhaltens und durch technische Manipulationen das Erkennen ihrer jeweiligen Preisbereitschaften einschränken oder verhindern.

M. Schleusener (✉)
Hochschule Niederrhein, Leiter des eWeb Research Center, Krefeld, Deutschland
E-Mail: michael.schleusener@hs-niederrhein.de

© Springer Fachmedien Wiesbaden GmbH 2017
E. Stüber und K. Hudetz (Hrsg.), *Praxis der Personalisierung im Handel,*
DOI 10.1007/978-3-658-16244-3_4

1 Personalisierte Preise und Preisdifferenzierung

Eine Personalisierung von Angeboten ist im Internet seit langem üblich. So werden Werbung, Produktangebote und auch Gutscheine bereits individuell ausgespielt. Da liegt es nahe, auch Preise zu individualisieren, zumal dynamische Preisänderungen im Rahmen von Yield Management beispielsweise bei Airlines bereits seit längerem den Kunden bekannt sind. Zunächst soll jedoch auf den grundlegenden Funktionsmechanismus einer Preisdifferenzierung eingegangen werden, von der insbesondere im englischsprachigen Raum auch als Preisdiskriminierung gesprochen wird. Vorausgesetzt, die Konsumenten weisen unterschiedliche Zahlungsbereitschaften auf, ist es das Ziel der Preisdifferenzierung, durch unterschiedliche Preise für dieselbe Leistung diese unterschiedlichen Preisbereitschaften auch abzuschöpfen. Bei Konsumenten, die zum Ursprungspreis auch gekauft hätten, führt die Preisdifferenzierung dann dazu, dass sie mehr bezahlen und damit eine geringere Konsumentenrente realisieren können. Diejenigen, deren Preisbereitschaft für den Erwerb einer Leistung nicht ausreicht, bekommen bei differenzierten Preisen durch individuelle Preisnachlässe die Möglichkeit auch zu kaufen. Damit kann der Anbieter über die Ausweitung seiner Menge zusätzlichen Deckungsbeitrag realisieren. Der Spielraum für eine Preisdifferenzierung ist umso größer, je geringer die Grenzkosten sind (Knieps 2008, S. 210).

Online finden sich diverse Formen der Preisdifferenzierung wieder. Die Preisdifferenzierung dritten Grades beruht auf einer Einordnung der Konsumenten gemäß Kriterien, die von den Konsumenten selbst nicht bzw. nur bedingt beeinflusst werden können. Dazu gehört die ortsbezogene, geografische Preisdifferenzierung. Eine solche Differenzierung nach Herkunftsland ist in Europa nicht zulässig. Diese Form der Preisdifferenzierung soll einerseits unterschiedlichen Steuern usw. Rechnung tragen, andererseits wird eine geografisch unterschiedliche Preisbereitschaft unterstellt. Der Ansatz ist stark verallgemeinernd und stellt keine personenbezogene Preisdifferenzierung dar (Simon und Fassnacht 2016, S. 237).

Bei der Preisdifferenzierung zweiten Grades werden ebenfalls Gruppen von Kunden unterschiedliche Preise angeboten, allerdings können die Kunden sich bei dieser Form der Preisdifferenzierung einer entsprechenden Gruppe selbst zuordnen. Dazu gehört die Preisdifferenzierung nach Händlermarke, die letztlich einer Differenzierung der Vertriebskanäle gleichkommt. Heute nutzen Unternehmen bereits die Möglichkeit, den Kunden mit unterschiedlichen Marken und Shops zu bedienen, die auf ein grundlegendes gemeinsames Warensortiment und sogar ein gemeinsames physisches Lager zurückgreifen. Der Kunde entscheidet sich für einen Händler, der ihm einen Mehrwert bietet bzw. der ihm bekannt ist. Eine ähnliche Form der Differenzierung ist jene über den Zugang zur Seite, beispielsweise über Preisvergleichsseiten. Kunden, die über Preisvergleichsseiten auf die Anbieterseite kommen, erhalten einen anderen Preis als Kunden, die direkt die Seite des Anbieters aufrufen (z. B. bei Lufthansa, Mister Spex). Technisch ist dies möglich, da die Onlineshops erkennen, von welcher Seite der Verweis erfolgt ist. Dabei handelt es sich um eine transaktionsbezogene Preisdifferenzierung, die Kunden über die dauerhafte Nutzung von Preisvergleichsseiten selbst für sich nutzbar machen können. Die zeitliche Differenzierung wird bei Dienstleistungen, beispielsweise im Tourismus, bereits seit Langem eingesetzt. Zum einen wird nach dem Buchungszeitpunkt, zum anderen nach dem Nutzungszeitpunkt unterschieden. Die Konsumenten sind diese Form der Differenzierung gewohnt und verstehen das Prinzip (Friesen und Reinecke 2007, S. 38).

Bekommt jeder Kunde für die gleiche Leistung/das gleiche Produkt einen Preis angeboten, der genau seiner Zahlungsbereitschaft entspricht, dann handelt es sich um eine Preisdifferenzierung ersten Grades. Durch die Menge an Informationen, die über jedes einzelne Individuum durch die Nutzung des Internets heute verfügbar ist, könnten solche individuellen Preise Realität werden (Rayna et al. 2015). Unter personenbezogener, individueller Preisdifferenzierung wird verstanden, dass ein Kunde auf Basis von persönlichen Daten einen individuellen Preis angezeigt bekommt. Dies kann über die Aussendung von Gutscheinen bzw. Rabattcodes oder direkt im Onlineshop erfolgen. Kunden, die einen Gutschein bzw. Coupon eines Anbieters haben, können damit für sich persönlich einen günstigeren Preis realisieren. Durch die gezielte Ausspielung von Gutscheinen an preissensible Kunden oder deren eigene Onlinerecherche nach solchen Gutscheinen können bestimmte Gruppen gezielt angesprochen werden. Es kommt häufig vor, dass Gutscheine allen Nachfragern zur Verfügung stehen, die aktiv nach diesen suchen. Wenn jeder den Gutschein einlösen kann, handelt es sich jedoch wieder um eine Preisdifferenzierung zweiten Grades nach Gruppen. Eine größere Herausforderung stellt die Anzeige persönlicher Preise im Onlineshop dar. Diese lassen sich auf Basis persönlicher Daten wie Informationen über die genutzte Hard- und Software, die IP-Adresse, Informationen über bereits besuchte Seiten (übermittelt beispielsweise über Cookies oder Browser-Historie) und den Standort mit einer gewissen Wahrscheinlichkeit realisieren. Dabei sollte das auf Basis der bisherigen Nutzungserfahrung erstellte Profil über alle Aktivitäten im Web am ehesten für eine Preisdifferenzierung nutzbar sein, da dieses tatsächlich einzigartig bei jedem Nutzer ist.

Eine wirkungsvolle Abschöpfung der Konsumentenrente kann jedoch nur erreicht werden, wenn der Kunde nicht ein günstigeres Angebot beim Wettbewerber findet. Weiterhin ist zu beachten, dass ein Onlineanbieter häufig weitere Vertriebswege nutzt wie beispielsweise Stationärgeschäfte (Multichannel-Händler). Beim Einsatz von individuellen Preisen online müssen Entscheidungen über die Preisfindung und Preisdarstellung für die stationären Angebote gefunden werden. Die Preise im Onlineshop werden zusätzlich zur Anzeige im eigenen Shop häufig auch über Preissuchmaschinen ausgespielt. Diese sind bei den nachfolgenden Überlegungen ebenfalls mit einzubeziehen. Die Kunden selbst sprechen möglicherweise mit weiteren Kunden, in der

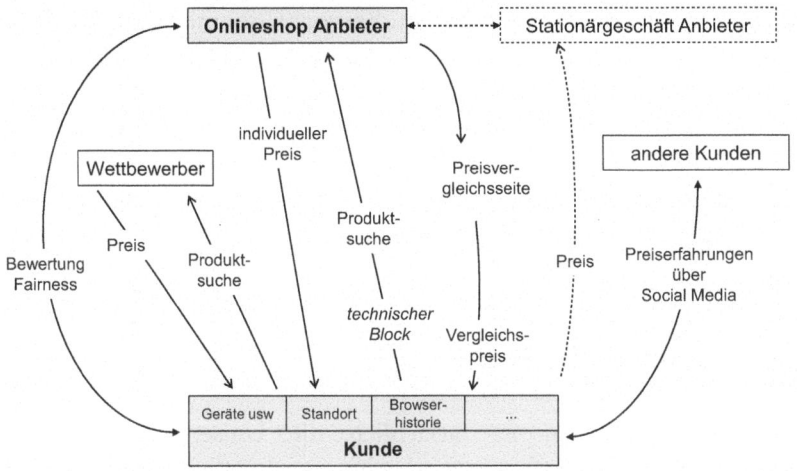

Abb. 1 Überblick Gesamtzusammenhang

Regel auch über das Internet. Auch daraus können Einflussfaktoren auf die Möglichkeiten einer individuellen Preissetzung resultieren. So wird möglicherweise das Handeln des Anbieters als unfair eingestuft und es erfolgen negative Reaktionen des Kunden. Abb. 1 stellt den Gesamtzusammenhang dar.

2 Preisbildung in Handelsunternehmen

2.1 Traditionelle Preisbildung

In Handelsunternehmen ist die Preissetzung traditionell stark an den Einkaufskosten orientiert und weniger an der Zahlungsbereitschaft der Konsumenten. So werden die Preise vielfach von den Einkäufern festgelegt. Nicht zuletzt die häufig hohe Anzahl an Artikeln macht ein möglichst automatisiertes Vorgehen mit einfachen Regeln bei der Preissetzung notwendig. Vor diesem Hintergrund wäre es überraschend, wenn gerade im traditionellen Handel eine individualisierte Preisbildung vorgenommen werden würde. Auch bei der Mehrzahl der Onlinehändler scheint die Preissetzungskompetenz weniger stark ausgeprägt zu sein. Laut einer Studie von Conomic (n = 51) beobachten bei Preisänderungen nur 16 % der Händler systematisch die Mengenzuwächse, die aus niedrigeren Preisen resultieren; 42 % dagegen monitoren diese nie (Conomic 2015). Dies deutet auf ein nur geringes Professionalisierungsniveau im Pricing hin, auch wenn die Studie nicht sehr umfassend ist. Es ist zu erwarten, dass große, technologiegetriebene Pure Player wie Amazon am ehesten personalisierte Preise einsetzen werden.

2.2   Dynamische Preise

Weiter fortgeschritten ist tatsächlich die Umsetzung von dynamischen Preisen. Darunter wird eine regelmäßige Anpassung der Preise im Zeitablauf verstanden, ohne jedoch die Preise zu personalisieren (Schleusener 2013). Im einfachsten Fall funktioniert diese Preisanpassung regelbasiert in Abhängigkeit von Konkurrenzpreisen. Die Konkurrenzpreise werden automatisiert regelmäßig bei den wichtigsten Wettbewerbern ermittelt, beispielsweise mittels Webcrawler oder über Preissuchmaschinen. Eine nicht zu unterschätzende Herausforderung dabei bildet das Matching der Wettbewerbsartikel mit den eigenen Artikeln, um überhaupt Aussagen über Wettbewerbspreise machen zu können. Der Händler legt dann Regeln fest, wie die eigenen Preise im Vergleich zu den Wettbewerbspreisen innerhalb bestimmter Bandbreiten gebildet werden sollen und welche Wettbewerber jeweils zu berücksichtigen sind. Eine Gefahr liegt darin, dass dabei Preisspiralen in Gang gesetzt werden. Nicht zuletzt deshalb gehen Anbieter entsprechender Dynamic-Pricing-Lösungen wie Blue Yonder oder Prudsys dazu über, eine Reihe weiterer Variablen bei der Preissetzung zu berücksichtigen. Damit können dann täglich oder sogar mehrmals täglich die Artikel neu bepreist werden. Durch selbstlernende Algorithmen wird die Güte der Preissetzung im Hinblick auf die angestrebte Zielerreichung (Mengen-, Umsatz- oder Deckungsbeitragssteigerung) immer weiter verbessert. Als Erfolgsmaßstab dient der Vergleich mit den Ergebnissen, die mit Artikeln erzielt werden, bei denen die Preise nicht optimiert wurden.

2.3 Umsetzung personalisierter Preise

Eine personalisierte Preissetzung wurde bei vielen Unternehmen noch nicht eingeführt. Ein Grund ist, dass die meisten Unternehmen noch mehr mit sich selbst und mit dem Aufsetzen neuer Systeme beschäftigt sind. Diese Systeme, die vor allem persönliche Empfehlungen gut und zuverlässig ausspielen sollen („Recommendation Engine"), könnten auf derselben Datenbasis zumindest technisch dazu genutzt werden, auch persönliche Preise auszuspielen. Mögliche Einflussfaktoren können im Sinne eines Big-Data-Algorithmus aus der Masse der verfügbaren Informationen über die persönliche Konfiguration des Kunden gewonnen werden. Die entsprechenden Analysen verlangen eine Vielzahl von Käufern mit möglichst unterschiedlichen Profilen, die zu unterschiedlichen Preisen gekauft bzw. nicht gekauft haben. Nach umfangreichen Analysen lassen sich dann personalisierte Preise erzeugen.

Die leicht erfassbaren technischen Parameter wie Endgerät, Betriebssystem, Softwareumgebung, Browser usw. sind zwar einfach zu operationalisieren und zu erfassen, weisen vermutlich gleichzeitig aber nur eine geringe prognostische Kraft in Bezug auf die Preisbereitschaft auf. Wesentlich wichtiger dürften handlungsbezogene Informationen sein, die auf das Such- und Kaufverhalten hinweisen. Eher mittelbare Aussagekraft werden Informationen über das Informations- und Kommunikationsverhalten haben, wie beispielsweise die Nutzung bestimmter Tageszeitungen oder andere Interessen, die sich in der Browser-Historie widerspiegeln. Die höchste Aussagekraft könnten Informationen über das Produktsuch- und Kaufverhalten haben. Die häufige Nutzung von Preissuchmaschinen, verbunden mit dem Aufrufen der entsprechenden Shopseiten, die Nutzung von besonders preisaggressiven oder besonders teuren Onlineshops und ähnliche Informationen sollten bessere Hinweise auf das Kaufverhalten geben. Allerdings ist zu beachten, dass ein Konsument heute eher als hybrider Konsument auftritt, das heißt durchaus unterschiedliche Preisbereitschaften bei verschiedenen Produktgruppen aufweist. Dies macht Analogschlüsse besonders schwierig, da dann nicht die Person, sondern zusätzlich noch die Situation ausschlaggebend für die Preisbereitschaft ist.

Darüber hinaus besteht für die Nutzung von individuellen Preisen, noch in viel größerem Maße als bei der personalisierten Werbung, eine zentrale Herausforderung darin, den Kunden über seine unterschiedlichen Endgeräte hinweg jeweils zweifelsfrei zu identifizieren. Wird Werbung im Allgemeinen oder werden Re-Targeting-Maßnahmen im Besonderen nicht perfekt ausgespielt, dann nervt dies möglicherweise den Kunden, führt aber nicht zu Irritationen im gleichen Maße, wie dies bei unterschiedlichen Preisen zu erwarten wäre. Weiterhin ist es möglich, dass das Onlineprofil je nach Endgerät unterschiedlich ausfällt, wenn etwa bestimmte Anwendungen vorwiegend mobil oder vorwiegend stationär genutzt werden. Damit würde eine Abschätzung der individuellen Preisbereitschaft weiter erschwert werden.

2.4   Personalisierte Preise im Multichannel-Kontext

Eine weitere, bislang nicht gelöste Fragestellung betrifft das Multichannel-Pricing. Bei vielen Multichannel-Unternehmen, das heißt, solchen, die sowohl im Internet als auch stationär aktiv sind, herrscht die Meinung vor, dass einheitliche Preise über alle Vertriebskanäle gelten sollten (Schleusener 2012). Die Verfolgung dieses Ziels macht individuelle Onlinepreise für solche Unternehmen unmöglich. Es wird unmittelbar deutlich, dass personalisierte Preise mit dem Ansatz von harmonisierten Preisen über alle Vertriebskanäle hinweg nicht vereinbar sind. Die Kundenverwirrung wäre noch um ein Vielfaches größer, wenn der Kunde im Ladengeschäft mit ganz unterschiedlichen Preisen konfrontiert wäre, die in einem Fall höher und im anderen Fall niedriger als die ihm angezeigten Onlinepreise sind. Gerade dieser Vergleich ist nicht zu unterschätzen, da heute die Kunden vielfach im Geschäft Informationen über ihr Smartphone nutzen.

Weiterhin ist zu beachten, dass eine Reihe von Händlern in Franchisesystemen oder ähnlichen Organisationsformen organisiert sind. Dabei ist die Zusammenarbeit und Kooperation im Bereich E-Commerce mit besonderen Herausforderungen verbunden. Dies beinhaltet die Zurechnung der Umsätze zu den einzelnen Mitgliedern bzw. den Systemzentralen/E-Commerce-Gesellschaften. In diesem

Bereich gibt es heute schon genügend Konflikte, die noch nicht in allen Fällen zufriedenstellend gelöst sind. Es geht u. a. um die Möglichkeiten der Rückgabe von Ware, die online bestellt wurde und dann im Stationärgeschäft zurückgegeben werden soll. Wie hier bei individualisierten Preisen eine Preiskoordination über die einzelnen Partner hinweg und auch mit der Zentrale erfolgen soll, ist völlig offen.

Insofern liegen die Hinderungsgründe für individuelle Preise weniger in der technischen Umsetzbarkeit als in organisatorischen und wirtschaftlichen Rahmenbedingungen. Einen zusammenfassenden Überblick gibt die Abb. 2:

Die technischen Möglichkeiten zur Preisdifferenzierung müssen im Gesamtkontext gesehen werden. Die Kunden sehen zunehmend nicht mehr die einzelnen Kanäle eines Anbieters, sondern nehmen einen Anbieter ganzheitlich wahr. Bereits heute werden in der Regel mehrere sogenannte Touchpoints im Laufe der Customer Journey genutzt. Bei personalisierten bzw. individuellen Preisen besteht hierbei die Herausforderung, bei jedem Kundenkontakt und in jedem Kanal den gleichen Preis zu präsentieren bzw. zu fordern, um den Konsumenten nicht zu verwirren und um tatsächlich einen positiven Ergebnisbeitrag aus der Preisdifferenzierung realisieren zu können. Selbst bei der Nutzung von unterschiedlichen Preisen im Stationärgeschäft und online sollte ein Kunde zu jedem Zeitpunkt den für ihn richtigen Preis gezeigt bekommen. Wenn Anbieter für eine Onlinebestellung

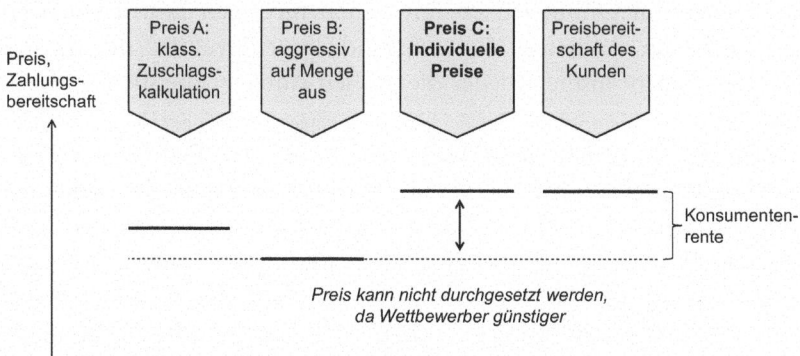

Abb. 2 Individuelle Preise bei unterschiedlichen Vertriebskanälen

Gutscheine anbieten, dann suchen sich Kunden teilweise die Produkte im Stationärgeschäft desselben Anbieters aus und kaufen anschließend online, um diese Gutscheine einlösen zu können.

3 Personalisierte Preise im Wettbewerbsumfeld

In einer Situation ohne Wettbewerb würde ein Anbieter jeweils den Preis fordern, der der maximalen Zahlungsbereitschaft eines Kunden entspricht. Doch im Wettbewerb ist die Obergrenze für den zu fordernden Preis nicht die maximale Preisbereitschaft des Kunden, sondern der Preis des Wettbewerbers, wenn dieser niedriger ist (Annahme: die Produkte sind identisch und die Transportkosten ebenfalls (Ulph und Vulkan 2000)). Ein Abschöpfen der Preisbereitschaft des Kunden wäre theoretisch möglich, wenn alle Anbieter die gleichen Kriterien zur individuellen Bepreisung nutzen würden und gleichzeitig eine identische Vorstellung über die maximale Preisbereitschaft eines einzelnen Kunden hätten. Außerdem müssten alle Anbieter die gleiche Zielfunktion der Gewinnmaximierung verfolgen. Dies muss gerade im Onlinebereich jedoch nicht der Fall sein. Es gibt eine Reihe von Unternehmen, denen die Ausweitung des Absatzes (zumindest temporär) wichtiger ist als die Realisierung anderer Ziele. Weiterhin können sich die jeweilige Kostenstruktur und auch das jeweilige Kostenniveau stark unterscheiden. Gerade im Onlinebereich mit seinen niedrigen Eintrittsbarrieren können kleine Anbieter, die aufgrund ihrer Struktur nur geringe Fixkosten haben, immer wieder die großen Anbieter preislich unterbieten.

Nun ist das gleichzeitige Vorliegen dieser drei Bedingungen sehr unwahrscheinlich. Somit wird der Wettbewerb gerade bei hochpreisigen Artikeln dazu führen, dass ein Abschöpfen maximaler, individueller Preisbereitschaften über den Marktpreis hinaus schwierig ist. Zentral ist die Wettbewerbsintensität. Falls der Kunde lediglich einen dominierenden Anbieter nutzt, ist dieser natürlich eher in der Lage, individualisierte und damit personalisierte Preise zu fordern. In dieser Position ist in Deutschland über alle Kategorien hinweg vermutlich ausschließlich Amazon, nicht zuletzt bei den Mitgliedern seines Kundenbindungsmodells Amazon Prime. Prime-Kunden suchen nur zu weniger als einem Prozent während einer Suche auf der Amazon-Website andere Anbieter auf und sind dadurch gegenüber Preisvergleichen immunisiert (Rueter 2015). Gleichzeitig ist aber zu beachten, dass Amazon durch sein Marktplatzmodell die Konkurrenz praktisch schon auf der eigenen Seite hat. Für diese Händler bietet Amazon jetzt auch ein Tool zur dynamischen, wettbewerbsorientierten Preissetzung an. Amazon kann seine Preise natürlich an den Preisen der Wettbewerber ausrichten, doch den Marktplatzanbietern stehen die zur Personalisierung ihrer Preise notwendigen Informationen nicht zur Verfügung (da Amazon diese wohl kaum teilen wird). Damit sind auch für Amazon die Möglichkeiten von personalisierten Preisen eingeschränkt, zumindest im Sinne einer Abschöpfung von zusätzlichen Zahlungsbereitschaften.

Dagegen erscheint es plausibel, dass einzelnen Kunden besonders niedrige Preise angeboten werden. Voraussetzung hierzu ist, dass der Kunde ohnehin auf die Seite des Anbieters geht. Besonders preissensible Kunden werden jedoch ohnehin über eine Preissuchmaschine den Anbieter aufsuchen. Eine andere Möglichkeit ist die, die heute bereits über die Bereitstellung von Rabattcoupons realisiert wird. Besonders preissensible Kunden suchen heute schon von sich aus aktiv nach Gutscheinen, es gibt dafür sogar entsprechende Plattformen. Hierbei erfolgt eine Preisdifferenzierung dann allerdings nicht mehr auf Basis von persönlichen Daten, sondern durch eine Art von Selbstoffenbarung (nämlich der aktiven Suche nach Gutscheinen).

Generell ist die Bedeutung des Wettbewerbs umso größer, je stärker die Kunden Preise zwischen Anbietern vergleichen. Individuelle Preise und damit eine Preisdifferenzierung ersten Grades sind kaum umsetzbar, wenn …

- … der Kunde mehrere Anbieter vergleicht (manuell, mit Preisvergleichsseiten, ShopBots, auch fest implementiert im Browser) – dies ist für preissensible Kunden zu erwarten,
- … die Wettbewerber unterschiedliche Einschätzungen über die Preisbereitschaft eines Kunden haben und dem Kunden daher unterschiedliche Preise anbieten,

- … die Wettbewerber unterschiedliche Strategien verfolgen (z. B. Gewinnmaximierung versus Ausweitung von Marktanteilen),
- … die Wettbewerber unterschiedlich weit sind in der Umsetzung individueller Preise, das heißt, einige Anbieter weiterhin undifferenzierte Preise anbieten und damit das Preisniveau nach unten bringen können (was aufgrund der unterschiedlichen technischen Fähigkeiten der Anbieter zu erwarten ist).

In Abb. 3 ist schematisch dargestellt, wie eine solche Situation mit mehreren Anbietern, die jeweils unterschiedlich vorgehen, aussehen könnte. Die Anbieter A und B berechnen ihre Preise anders als der Anbieter C, der über individuelle Preise die Konsumentenrente abschöpfen möchte. Dazu kommt es nicht, da der Kunde bei Preisvergleichen den günstigsten Anbieter wählen wird, in diesem Beispielfall ist das der Anbieter B.

Wenn nun die Algorithmen der Unternehmen immer besser und damit auch immer ähnlicher werden, dürfte dies dazu führen, dass alle Unternehmen einem Kunden den gleichen Preis, bzw. einen Preis abhängig von ihrer jeweiligen Vorziehenswürdigkeit aus Kundensicht, anbieten. Das ist nur konsequent, da es ja nur einen jeweils richtigen, das heißt, die Preisbereitschaft eines Kunden abschöpfenden Preis gibt. Bei unterschiedlichen Leistungsangeboten würden die Preise ebenfalls unterschiedlich sein, jedoch immer zum gleichen Netto-Nutzen (Nutzen abzüglich Preis) für den Kunden führen. Es ist festzuhalten,

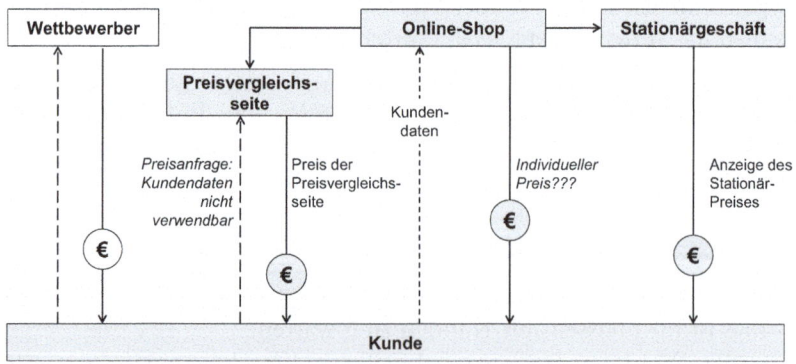

Abb. 3 Personalisierte Preise im Wettbewerbsumfeld

dass sich der Wettbewerb von der Segmentebene auf den einzelnen Kunden verlagert. Jedes Unternehmen, das über eine bestimmte, am besten korrekte Einschätzung der Preisbereitschaft eines jeden Kunden verfügt, kann jedes Mal entscheiden, wie es sich im Wettbewerb um diesen einzelnen Kunden positionieren will.

4 Kundenreaktionen auf personalisierte Preise

4.1 Überblick

Auf Kundenseite stellt sich zunächst die Frage, in welchen Fällen Kunden überhaupt wahrnehmen, dass sie unterschiedliche Preise angeboten bekommen. In der Regel werden einzelne Konsumenten die ihnen angezeigten Preise nicht mit Dritten vergleichen. Anders sieht es aus, wenn Paare gleichzeitig und am gleichen Ort, nur mit unterschiedlichen Endgeräten und unterschiedlichen Suchhistorien bei denselben Anbietern Preise abfragen (Beispiel: Recherche und Buchung bei Urlaubsreisen). Aber auch zwischen Freunden könnten nach Person unterschiedliche Preise offenbar werden, wenn die Konsumenten sich online austauschen.

Die Reaktionen der Kunden auf personalisierte Preise dürften vielschichtig sein. Zunächst ist der Aspekt der wahrgenommenen Preisfairness zu beachten, die wichtig für die kundenseitige Akzeptanz ist. Reaktionsmöglichkeiten der Kunden liegen zum einen in einem veränderten Kommunikations- und Suchverhalten, zum anderen aber auch darin, über technische Maßnahmen oder die Einschaltung von Intermediären von niedrigeren Preisen zu profitieren.

4.2 Erwartete Preisfairness

Ein wichtiger Aspekt betrifft die Kundenwahrnehmung. Zu diesem Bereich wurden diverse Studien durchgeführt. So gaben 32 % bzw. 15 % (LINK 2015) der Konsumenten an, bereits erlebt zu haben, dass

Bekannten/Freunden andere Preise für das gleiche Produkt angezeigt wurden. Dabei ist zu hinterfragen, ob es sich dabei tatsächlich um personalisierte Preise handelt oder lediglich um unterschiedliche Preise im Zeitablauf, da große Onlinehändler und auch die Fluggesellschaften ihre Preise teilweise mehrmals täglich anpassen (Dynamic Pricing bzw. Yield Management) und auch dadurch einzelnen Konsumenten unterschiedliche Preise angezeigt werden können. Bei einer Untersuchung der Anwendung individueller Preise in Deutschland konnte in einer explorativen Studie gezeigt werden, dass dies in größerem Umfang offenbar nicht der Fall ist (Schleusener und Hosell 2015). Nur sehr wenige Konsumenten geben an, davon gehört zu haben (LINK 2015). Hinsichtlich der Arten der Preisdifferenzierung vermuten die meisten Kunden, dass eine zeitliche Preisdifferenzierung erfolgt (83 %) oder treue Kunden mit günstigen Angeboten belohnt werden (78 %; ConPolicy 2016). Immerhin noch 63 % vermuten, dass die Preisbereitschaften nach bestimmten Merkmalen berechnet werden.

Von der Mehrheit, nämlich 57 %, wird bevorzugt, wenn immer der gleiche Preis gelten würde (ConPolicy 2016). Allerdings spielt auch hierbei offenbar die zeitliche Komponente eine Rolle („immer"). Es wird befürchtet, dass der Verlust eines Referenzpreises zu gesteigertem Suchaufwand führt. Interessanterweise sehen dies diejenigen, die das Internet intensiv nutzen, weniger kritisch, was für einen gewissen Gewöhnungseffekt hinsichtlich der Personalisierung von Onlineangeboten spricht.

Ein wichtiger Aspekt betrifft die Preisfairness. Für die Beurteilung der Preisfairness legen die Konsumenten die Ähnlichkeit der jeweiligen Transaktionen zugrunde (Xia et al. 2004). Wenn die Kunden Unterschiede in der Art der Transaktion erkennen können, dann akzeptieren sie auch unterschiedliche Preise. Ein Beispiel sind die vom Buchungszeitpunkt abhängigen Preise in der Tourismusbranche. Die Kunden haben das Grundprinzip verstanden: Je früher eine Buchung erfolgt, desto günstiger wird diese Buchung sein. Mit einer festen Buchung zu einem frühen Zeitpunkt verzichtet der Kunde auf seine Dispositionsfreiheit und erwartet dafür einen günstigeren Preis.

Dies funktioniert auch umgekehrt. Bei Urlaubsreisen sichert sich der Kunde mit einer Buchung zum regulären Preis die Möglichkeit, zu einem bestimmten Zeitpunkt auch sein gewünschtes Zielgebiet besuchen zu können. Kurzfristig buchende Reisende werden mit Last-Minute-Preisen für ihre Flexibilität belohnt. Da die Konsumenten diese Prinzipien verstanden haben, werden die unterschiedlichen Preise nicht als unfair betrachtet. Die Transaktionen sind deutlich unterschiedlich, auch wenn immer das gleiche Produkt gebucht wird.

Hinsichtlich der Bewertung der Fairness von Preisdifferenzierungsmaßnahmen werden alle Formen der Preisdifferenzierung (zeitlich, individuelle Merkmale, Ort, Produktinteresse) von der großen Mehrheit (77 % bis 94 %) als unfair betrachtet, lediglich die Belohnung von treuen Kunden wird von 87 % der Befragten als fair angesehen (ConPolicy 2016). Dies deckt sich mit Befunden aus der Literatur, nach denen die Fairness einer Preisdifferenzierung vom Ergebnis und damit einer Verteilungsgerechtigkeit her beurteilt wird (Xia et al. 2004). Dieses Ergebnis stimmt mit den Erkenntnissen des LINK Instituts überein (LINK 2015). Darüber hinaus werden alle technisch bedingten Ansätze einer Preisdifferenzierung, (also nach Endgerät, App oder Browser, Betriebssystem), weitgehend abgelehnt (von ca. 90 % der Befragten; LINK 2015).

Kann der Kunde nicht erkennen, dass Transaktionen sich unterscheiden, so führt dies im besten Fall lediglich zu einer Verunsicherung des Kunden und damit zu einem Verzicht auf den Kauf. Im schlechtesten Fall führt eine wahrgenommene Preisunfairness zu Unzufriedenheit, negativer Mund-zu-Mund-Propaganda bis hin zum Boykott. Gerade in der Verbindung mit der großen Verbreitung sozialer Medien ergibt sich daraus ein hohes Gefahrenpotenzial für die Anbieter. Dies ist auch ein wesentlicher Grund für Unternehmen, keine individuellen Preise einzusetzen. Letztlich besteht für die Unternehmen die Herausforderung, die Preisdifferenzierungsmaßnahmen in geeigneter Form den Konsumenten zu kommunizieren, da sich damit die Akzeptanz verbessern lässt (Spiekermann 2006).

4.3   Reaktionen der Kunden

Für Kunden mit einer höheren Zahlungsbereitschaft ist es nachteilig, wenn sie aufgrund von Daten über ihr Verhalten und ihre Person mehr bezahlen sollen als bei Einheitspreisen. Sie werden ein Interesse daran haben, diese Informationen zurückzuhalten. Eine nicht-technische Möglichkeit wäre demnach, dass der Kunde seine Käufe über einen anderen Nutzer, der günstigere Preise bekommt, durchführen lässt. Erfolgt eine Preisdifferenzierung auf Basis technischer Daten, die automatisiert an den Anbieter übertragen werden, so ist durchaus denkbar, dass die Konsumenten diese Daten manipulieren, um einen günstigeren Preis zu erhalten (Rayna et al. 2015). So könnten die Konsumenten verhindern, dass relevante Daten an den Anbieter gesendet werden.

Tatsächlich äußern befragte Konsumenten solche Verhaltensabsichten für den Fall, dass das vorherige Surfverhalten die Preis- und Produktangebote beeinflusst. So würden 64 % ihr Surfverhalten ändern (Cookies ausschalten, Inkognito-Modus nutzen). Auch weitere Maßnahmen würden von den Konsumenten ergriffen werden (LINK 2015). Noch einfacher wäre es, wenn der Kunde sich für unterschiedliche Einkäufe unterschiedliche Profile im Netz besorgt, mit denen er dann die günstigsten Preise realisieren könnte. Bereits 29 % der Internetnutzer geben an, dies zu beabsichtigen (LINK 2015).

Nicht nur die technischen Möglichkeiten der Unternehmen, sondern auch die Möglichkeiten der Kunden verbessern sich und deren tatsächliche Verbreitung steigt an. So wie heute bereits ein Großteil der Nutzer Software zum Blockieren von Werbung nutzt (AdBlocker) können die Nutzer in Zukunft mit ähnlichen Technologien dafür sorgen, dass preisrelevante Daten nicht oder in veränderter Form übertragen werden. Die Entwicklung von Soft- und Hardware-Angeboten geht in diese Richtung. So wurde die Box eBlocker entwickelt, die es ermöglichen soll, das Tracking zu unterbinden und sich mit anonymisierter IP und verschleierter Rechneridentität im Internet zu bewegen. Es wird explizit damit geworben, dass dadurch auch personalisierte Preise unmöglich gemacht werden. Interessanterweise wird bei diesen Ansätzen jeweils nur der Aspekt berücksichtigt, dass solchermaßen differenzierte Preise zu höheren Preisen führen können, aber die Chancen auf niedrigere Preise werden nicht weiter thematisiert.

Es ist heute bereits abzusehen, dass bestimmte Anbieter sich darauf spezialisieren, Preisunterschiede zu entdecken und davon zu profitieren, den jeweils günstigsten Preis herauszusuchen (letztlich Arbitrage zu betreiben). Ein Beispiel für ein solches Geschäftsmodell ist gerade im Bereich der Hotelbuchungen entstanden – auch wenn es dabei um unterschiedliche Preise im Zeitablauf geht, soll das Modell kurz genannt werden, da ähnliche Prinzipien auch hinsichtlich sonstiger individueller Preise nutzbar sein würden. So gibt es ein neues Unternehmen, bei dem die Kunden ihre getätigten Hotelbuchungen einreichen können. Sinkt im Laufe der Zeit der Preis für das entsprechende Zimmer, so bucht dieses Unternehmen auf den günstigeren Preis um (bzw. bucht neu und storniert die ursprüngliche, teurere Buchung) und realisiert damit ein Preisersparnis für seine Kunden. Diese Preisersparnis wird nur zum Teil an den Kunden weitergegeben, von der Differenz existiert das Unternehmen. Weitere Anbieter werben damit, dass die Nutzer mithilfe ihrer Seiten sich die jeweils günstigsten Preise sichern können.

5   Fazit

Es konnte gezeigt werden, dass personalisierte Preise und damit eine Preisdifferenzierung ersten Grades ökonomisch gesehen sinnvoll sind. Doch der Einsatz einer solchen Preisdifferenzierung ist derzeit noch begrenzt, stattdessen wird vermehrt eine dynamische Preisbildung eingesetzt, die jedoch vor allem wettbewerbsorientiert ausgerichtet ist und keine individuellen, also personalisierten, Preise beinhaltet. Technisch ist die Umsetzung nicht einfach, außerdem kann die jeweilige Wettbewerbssituation das Erlöspotenzial stark einschränken. Darüber hinaus sehen die Kunden diese Form der Preisdifferenzierung als kritisch an und könnten mit negativen Verhaltensweisen gegenüber dem Anbieter reagieren. Bereits heute sind Techniken verfügbar, mit deren Hilfe die übermittelten persönlichen Daten, auf denen die dargestellte Preisdifferenzierung beruht, stark eingeschränkt werden können. Daraus folgt, dass einer flächendeckenden Einführung personalisierter Preise derzeit noch viele Hürden im Wege stehen.

Literatur

Conomic Marketing & Strategy Consultants. 2015. *Studie pricing im E-Commerce 2015.* Berlin: Conomic Marketing & Strategy Consultants.

ConPolicy. 2016. Was Verbraucherinnen und Verbraucher in NRW über individualisierte Preise im Online-Handel denken, Abschlussbericht für das Ministerium für Klimaschutz, Umwelt, Landwirtschaft, Natur- und Verbraucherschutz (MKULNV) des Landes NRW, Aktenzeichen: I-4-2.1-15/085. https://www.umwelt.nrw.de/fileadmin/redaktion/PDFs/verbraucherschutz/abschlussbericht_personalisierte_preise_2016.pdf. Zugegriffen: 8. Mai 2016.

Friesen, M., und S. Reinecke. 2007. Wahrgenommene Preisfairness bei Revenue Management im Luftverkehr. *Thexis* 4 (7): 34–39.

Knieps, G. 2008. *Wettbewerbsökonomie*, 3. Aufl. Berlin: Springer.

LINK Institut für Markt und Sozialforschung GmbH. 2015. *Repräsentative Verbraucherbefragung in der Gruppe der Internetnutzer, ausgearbeitet für das Bundesministerium der Justiz und für Verbraucherschutz.* Berlin: LINK Institut für Markt und Sozialforschung GmbH.

Rayna, T., J. Darlington, und L. Striukova. 2015. Pricing music using personal data: Mutually advantageous first-degree price discrimination. *Electronic Markets* 25 (2): 139–154.

Rueter, T. 2015. How prime acts as a tie that binds consumers to Amazon. https://www.internetretailer.com/2015/04/02/how-prime-acts-tie-binds-consumers-amazon. Zugegriffen: 8. Mai 2016.

Schleusener, M. 2012. Pricing im Multi-Channel-Retailing. In *Modernes Multi-Channeling im Fashion-Handel*, Hrsg. G. Heinemann, M. Schleusener, und S. Zaharia, 165–181. Frankfurt a. M.: Deutscher Fachverl.

Schleusener, M. 2013. Erlösmodelle im Internet – Neue Schnelligkeit im Pricing. In *Digitalisierung des Handels mit epace: Innovative E-Commerce-Geschäftsmodelle und digitale Zeitvorteile*, Hrsg. G. Heinemann, K. Haug, M. Gehrckens, und dgroup, 153–170. Wiesbaden: Springer Gabler.

Schleusener, M., und S. Hosell. 2015. Personalisierte Preisdifferenzierung im Online-Handel, Untersuchung und Ausarbeitung im Auftrag des Sachverständigenrats für Verbraucherfragen beim Bundesminister der Justiz und für Verbraucherschutz.

Simon, H., und M. Fassnacht. 2016. *Preismanagement*, 4. Aufl. Wiesbaden: Springer Fachmedien.

Spiekermann, S. 2006. Individual price discriminaton – An impossibility? In *International conference for human-computer interaction*, Proceedings of the CHI2006 Workshop on Privacy-Enhanced Personalization, Hrsg. A. Kobsa, et al. 47–52. Montréal.

Ulph, D., und N. Vulkan. 2000. Electronic commerce and competitive first-degree price discrimination. http://else.econ.ucl.ac.uk/papers/vulkan.pdf. Zugegriffen: 22. Dez. 2016.

Xia, L., K. B. Monroe, und J. L. Cox. 2004. The price is unfair! A conceptual framework of price fairness perceptions. *Journal of Marketing* 68 (October): 1–15.

Über den Autor

Prof. Dr. Michael Schleusener ist seit 2006 Professor mit dem Schwerpunkt Marketing an der Hochschule Niederrhein. Dort ist er einer der Leiter des eWeb Research Center. Seine Forschungs- und Beratungsschwerpunkte sind E-Commerce und Pricing, zu denen er auch regelmäßig veröffentlicht. Davor arbeitete er als Berater bei der Preis- und Marketingberatung Simon, Kucher & Partners in Bonn. Begonnen hat er seine Beratungs- und Forschungstätigkeit als wissenschaftlicher Mitarbeiter bei Prof. Dr. Dr. h.c. mult. H. Meffert am Institut für Marketing der Universität Münster. Prof. Dr. Schleusener hat Betriebswirtschaftslehre mit den Schwerpunkten Marketing und Internationales Management an der Universität Münster studiert.

Rechtssicher personalisieren – Möglichkeiten und Grenzen

Rolf Becker

Zusammenfassung „If you think compliance is expensive, try non compliance!" Personalisierung ist Datenerhebung, die zu Ansprachen auf unterschiedlichen Kanälen führt. Das Recht bestraft aktuell unerlaubte Datennutzungen und unlautere Ansprachen mit Bußgeldern bis zu 300.000 EUR. Ab 2018 wird es noch riskanter und teurer. Bis zu 20 Mio. EUR oder bis zu 4 % des gesamten weltweit erzielten Jahresumsatzes im vorangegangenen Geschäftsjahr; je nachdem, welcher Wert der höhere ist, kann ein Bußgeld bei Datenschutzverstößen betragen. Es drohen zudem Abmahnungen mit Unterlassungsbegehren. Seit Anfang 2016 dürfen auch Verbände Datenschutzverstöße verfolgen. Damit ist die Beschäftigung mit den rechtlichen Grundlagen der Personalisierung schlicht Pflichtprogramm. Auch wenn die Rechtsrahmenbedingungen so komplex sind, wie die Vielfältigkeit der Personalisierungsformen, so hilft die Beschäftigung mit den Grundlagen bei der Konzeption und Planung der Kommunikationsmaßnahmen

R. Becker (✉)
Wienke & Becker, Köln, Deutschland
E-Mail: rbecker@kanzlei-wbk.de

© Springer Fachmedien Wiesbaden GmbH 2017
E. Stüber und K. Hudetz (Hrsg.), *Praxis der Personalisierung im Handel*,
DOI 10.1007/978-3-658-16244-3_5

und der Einschätzung des Aufwandes und des Beratungsbedarfs. Rechtsanwalt Rolf Becker, erfahrener Praktiker und Partner bei Wienke & Becker Köln, erläutert auch mit Blick auf das ab 2018 geltende neue Datenschutzrecht, worauf es ankommt.

Inhaltsverzeichnis

1   Rechtliche Einordnung

Personalisierung ist aus rechtlicher Sicht betrachtet in erster Linie eine Frage des Datenschutzes und – soweit es die Ansprache betrifft – auch eine solche des lauteren oder unlauteren Wettbewerbs. Eine Personalisierung läuft aus rechtlicher Sicht grundsätzlich in drei Schritten ab:

- **Stufe 1:** Erfassung und Sammlung von persönlichen Daten
- **Stufe 2:** Selektion der Daten für eine bestimmte Werbemaßnahme
- **Stufe 3:** Ansprache der ausgewählten Personen auf bestimmten Kanälen.

Dabei folgt jeder der Schritte unterschiedlichen rechtlichen Vorgaben und Optionen. So kann etwa bei der Stufe 1, der Sammlung der Daten, ein anderer Zweck im Vordergrund stehen als derjenige, den Betroffenen später individualisiert ansprechen zu können. Vielfach ist die Vorbereitung, Durchführung oder Beendigung eines Vertrags- oder eines ähnlichen Rechtsverhältnisses für Datenerhebungen der ursprüngliche Zweck. Generell ist aber die datenschutzrechtliche Zweckbindung zu beachten. Zweckänderungen sind nur unter bestimmten Voraussetzungen möglich. Die Profilbildung, also die Sammlung von Daten zu einem Verhalten einer Person darf im Internet nach aktuellem Stand nur in pseudonymer Form erfolgen. Bei der Auswahl (Selektion) der Personen, die angesprochen werden sollen, können je nach Rahmen nicht beliebige Daten für die Selektion verwendet werden, da das Datenschutzrecht hier Grenzen setzt. Die Kanäle, auf denen Personen angesprochen werden können, werden vom Gesetzgeber im Recht des unlauteren Wettbewerbs unterschiedlich in den rechtlichen Voraussetzungen behandelt, die für eine zulässige Ansprache erfüllt sein müssen. Manche Kanäle, wie z. B. Telefonansprache oder Ansprache per E-Mail werden generell als belästigend eingestuft und die Zulässigkeit einer Werbung hat daher eine Reihe von rechtlichen Hürden zu überwinden.

Daher ist es zunächst notwendig, sich mit den Grundlagen der rechtlichen Rahmenbedingungen zu beschäftigen, die für die Personalisierung von Werbung von Bedeutung sind.

2 Grundlagen des Datenschutzrechts

2.1 Rechtsquellen

Wesentliche Rechtsquellen des Datenschutzrechts sind aktuell das Bundesdatenschutzgesetz (BDSG) und das Telemediengesetz (TMG), die u. a. auf der aus dem Jahr 1995 stammenden Richtlinie 95/46/EG (Datenschutzrichtlinie) basieren. Diese für Deutschland wesentlichen Rahmenbedingungen stehen jedoch vor einer wichtigen Ablösung und Erneuerung: Die EU-Datenschutzgrundverordnung (EU-DSG oder auch EU-DSGVO oder nur DS-GVO) soll die vorgenannte Richtlinie ersetzen. Sie wurde am 04.05.2016 im Amtsblatt der Europäischen Union veröffentlicht und wird nach einer zweijährigen Übergangsfrist am 25.05.2018 geltendes Recht (Art. 99 EU-DSGVO). Damit wird sie 2018 ohne weiteren Umsetzungsakt unmittelbar in allen 28 EU-Mitgliedsstaaten gelten. Die Verordnung gilt als das größte gesetzliche Reformvorhaben der EU in den letzten 20 Jahren.

Weitere Übergangszeiten wird es übrigens nicht geben. Daher müssen alle Datenverarbeitungen ab Mai 2018 an das neue Recht angepasst sein. Die Datenschutzgrundverordnung beinhaltet allerdings rund 70 Öffnungsklauseln, die Regelungen an die EU-Mitgliedsstaaten überträgt und dort Änderungen zulässt. Geplant für 2018 ist auch die ePrivacy-Verordnung, die jedoch im Zeitpunkt der Abfassung dieses Buchkapitels nur im Entwurf vorliegt und stark umstritten ist. In der geltenden Fassung wird sie die Behandlung von Cookies und Einwilligungskonzepten (z. B. per Browservoreinstellung) wahrscheinlich neu regeln, die Möglichkeit pseudonymer Profilbildung entfallen lassen und damit einige aktuell noch geltende Grundsätze wahrscheinlich ändern. Der vorliegende Beitrag wird bereits, soweit dies zum Zeitpunkt der Erstellung schon möglich ist, die neuen Regelungen berücksichtigen. Da trotz des angestrebten einheitlichen Rechtsrahmens und des damit verbundenen gemeinsamen Datenschutzniveaus also immer noch Möglichkeiten verbleiben, nationale Anforderungen etwas höher zu schrauben, ist es angezeigt, in der Zukunft einen kritischen Blick auf die Entwicklung und Ausformung, gerade zur ePrivacy-Verordnung, zu behalten.

Noch vor den genannten Rechtsquellen steht unser Grundgesetz. Das Bundesverfassungsgericht hat dem Datenschutz in seinem Volkszählungsurteil mit dem Recht auf informationelle Selbstbestimmung den Rang eines Grundrechts gegeben. Damit verbunden ist die Berechtigung, über die Verwendung der personenbezogenen Daten selbst zu bestimmen. Möchte etwa ein Händler personenbezogene Daten nutzen, so kann er dies nur im Rahmen einer gesetzlichen Erlaubnis oder mit Zustimmung der betroffenen Person.

2.2   Begriff der personenbezogenen Daten

Generell ist zunächst einmal in rechtlicher Hinsicht bei der Datenerhebung zu unterscheiden, ob die Daten personenbezogen sind oder nicht.

> Personenbezogene Daten sind nach § 3 Abs. 1 BDSG Einzelangaben über persönliche oder sachliche Verhältnisse einer bestimmten oder bestimmbaren natürlichen Person.

Wann allerdings eine Person bestimmt und wann erst bestimmbar sein soll, ist Gegenstand des juristischen Meinungsstreits.

Das zeigt sich vor allem bei der für das hier behandelte Thema wichtigen Einordnung der IP-Adresse oder von Cookie-IDs, User- oder Mac-Adressen. Kommt es darauf an, ob man überhaupt in der Lage ist, von einer solchen Adresse den Anschlussinhaber zu ermitteln (absolute Personenbeziehbarkeit) oder darauf, ob es Aufwand bedeutet und bei rechtmäßigem Verhalten der Provider nur in wenigen gesetzlich geregelten Fällen Auskunft erteilt wird (relative Personenbeziehbarkeit). Der Bundesgerichtshof (BGH) hatte die Frage zur IP-Adresse dem Europäischen Gerichtshof (EuGH) zur Klärung vorgelegt. Die Richter des EuGH und die Datenschutzbehörden gehen von einem Personenbezug aus. Unter der Geltung der Datenschutzgrundverordnung kann das Thema endgültig als entschieden angesehen werden. Die neue EU-DSGVO stellt in Art. 4 Nr. 1 jetzt ausdrücklich klar:

1. „personenbezogene Daten": alle Informationen, die sich auf eine identifizierte oder identifizierbare natürliche Person (im Folgenden „betroffene Person") beziehen; als identifizierbar wird eine natürliche Person angesehen, die <u>direkt oder indirekt</u>, insbesondere <u>mittels Zuordnung zu einer Kennung wie einem Namen, zu einer Kennnummer, zu Standortdaten, zu einer Online-Kennung oder zu einem oder mehreren besonderen Merkmalen identifiziert werden kann</u>, die Ausdruck der physischen, physiologischen, genetischen, psychischen, wirtschaftlichen, kulturellen oder sozialen Identität dieser natürlichen Person sind.

„Direkt oder indirekt" sind die Schlüsselwörter. Weitere Klarheit schaffen die Erwägungsgründe. Dort verdeutlicht der Gesetzgeber seine Absichten und Interpretationen. Im Erwägungsgrund 30 heißt es:

Natürlichen Personen werden unter Umständen Online-Kennungen wie IP-Adressen und Cookie-Kennungen, die ihre Geräte oder Software-Anwendungen und -Tools oder Protokolle liefern, oder sonstige Kennungen wie Funkfrequenzkennzeichnungen zugeordnet. Dies kann Spuren hinterlassen, die insbesondere in Kombination mit eindeutigen Kennungen und anderen beim Server eingehenden Informationen dazu benutzt werden können, um Profile der natürlichen Personen zu erstellen und sie zu identifizieren.

Damit wird deutlich, dass künftig diese wichtigen identifizierenden Instrumente, wie IP-Adressen und andere „Identifier" zu den personenbezogenen Daten zu zählen sind. Findet sich für die Nutzung keine Grundlage im Gesetz, so darf diese nur mit Einwilligung des Betroffenen erfolgen.

> Unerhebliche personenbezogene Daten gibt es nicht. Alle Daten, die einer Person zugeordnet werden genießen den gleichen Grundschutz. Zu einigen Daten, wie die sexuelle Orientierung oder die Religionszugehörigkeit, politische Meinungen oder die Gewerkschaftszugehörigkeit gelten zusätzliche Bestimmungen.

Wer nun glaubt, er sei im B2B (Business-to-Business) – Bereich vom Datenschutz befreit, der irrt. Auch dort können sich personenbezogene Daten ergeben. Dies erschließt sich sofort, wenn man an Unternehmer denkt, die unter ihrem Namen im Geschäftsverkehr tätig sind, wie dies häufig bei kleinen Unternehmen der Fall sein kann.

> Auch Einzelkaufleute sind identifizierbar und selbst die Daten von Mitarbeitern eines Unternehmens, die etwa als Ansprechpartner bei der Personalisierung geführt werden, genießen grundsätzlich datenschutzrechtlichen Schutz.

2.3   Verbot mit Erlaubnisvorbehalt

Eine der wichtigsten Grundlagen des Datenschutzrechts bildet daher der Grundsatz des Verbots mit Erlaubnisvorbehalt. Danach sind nur solche Datennutzungen erlaubt, die im Gesetz ausdrücklich legitimiert werden.

> Existiert keine gesetzliche Norm, die die beabsichtigte Datennutzung ausdrücklich gestattet, dann bedarf es einer Einwilligung des sogenannten Betroffenen. Liegt die nicht vor, muss die Datenverarbeitung unterbleiben. Dieser Grundsatz wird auch unter dem Regime der Datenschutzgrundverordnung weiterhin Geltung beanspruchen (Art. 6 Abs. 1 DS-GVO).

2.4   Zwischenfazit

Bis zum Mai 2018 bilden insbesondere das Bundesdatenschutzgesetz und das Telemediengesetz die wichtigsten Rechtsquellen für die Personalisierung auf der datenschutzrechtlichen Ebene. Diese Regelungen werden ab 2018 durch die EU-Datenschutzgrundverordnung abgelöst und wahrscheinlich tritt die ePrivacy-Verordnung hinzu. Nach allen Regelungen gibt es keine ungeschützten oder unwichtigen personenbezogenen Daten. Es gilt auch immer der Grundsatz des Verbots mit Erlaubnisvorbehalt, auch im B2B. Sie benötigen also für Ihre Datenerhebungen und Verwendungen entweder eine gesetzliche Erlaubnis oder eine Einwilligung des Betroffenen.

3   Tracking von Daten

Datenerhebungen erfolgen z. B. unmittelbar bei dem Betroffenen, wenn dieser etwa seinen Namen für eine Bestellung oder Registrierung angibt oder durch eigene Angaben von Interessen. Sie können aber auch über automatische Zuordnung durch das Verfolgen der Interessen bei Besuchen auf der Webseite (also Formen des sog. Behavioral Targeting und Retargeting), Mitschnitte von Newsletter-Aufrufen oder den Abgleich mit Interessen, die auf Social Media Plattformen kundgetan wurden (Facebook Custom Audiences), gewonnen werden. Bei dem sogenannten Tracking (engl. für Verfolgung) wird aufgezeichnet, für welche Online-Inhalte sich der Webseitenbesucher interessiert. Durch die Auswertung werden Rückschlüsse auf potenzielle Interessen gezogen und diese in eine entsprechende werbliche Ansprache des Betroffenen umgesetzt.

> Nach den oben erläuterten Grundsätzen des Datenschutzrechts muss man sich auf die Suche begeben, ob das Gesetz eine Erlaubnis vorsieht oder ob eine Einwilligung des betroffenen Webseitenbesuchers notwendig ist.

3.1   Pseudonyme Nutzungsprofile

Nach aktuellem Recht erlaubt § 15 Abs. 3 Telemediengesetz (TMG) die Erstellung von Profilen für die Werbung:

Der Diensteanbieter darf für Zwecke der Werbung, der Marktforschung oder zur bedarfsgerechten Gestaltung der Telemedien Nutzungsprofile bei Verwendung von Pseudonymen erstellen, sofern der Nutzer dem nicht widerspricht. Der Diensteanbieter hat den Nutzer auf sein Widerspruchsrecht im Rahmen der Unterrichtung nach § 13 Abs. 1 hinzuweisen. Diese Nutzungsprofile dürfen nicht mit Daten über den Träger des Pseudonyms zusammengeführt werden.

Bei der Inanspruchnahme von Webdiensten entstehen Nutzungsdaten, die sich zusammenfassen und auswerten lassen. Sie zeigen sich in Log-Daten, die z. B. beim Verfolgen eines Links, dem Aufruf einer Webseite oder einzelner Bestandteile, wie Frames, Grafiken und Bilder über den Browser entstehen. Web- und Application-Server zeichnen die Klicks auf und ordnen sie je nach Konfiguration Datenfeldern zu, wie

z. B. die URL von der der Besucher kommt, Datum und Uhrzeit, Zugriffsmethode, verwendetes Protokoll oder eben die IP-Adresse oder Cookie-Werte.

> Nach dem aktuell geltenden Recht in Deutschland besteht also bei Pseudonymisierung und getrennter Speicherung die gesetzliche Erlaubnis, Daten ohne gesonderte Einwilligung zu erheben und für Werbung zu nutzen. Sie können danach grundsätzlich das Nutzungsverhalten von Webseitenbesuchern oder Newsletter-Nutzern usw. erfassen, um daraus ohne Bezug zu einer konkreten Person Daten für die Werbung zu gewinnen.

Bei der Erfassung ist zu unterscheiden zwischen Anonymisieren und Pseudonymisieren. Anonymisieren ist nach der gesetzlich geregelten Definition des § 3 Abs. 6 BDSG *„das Verändern personenbezogener Daten derart, dass die Einzelangaben über persönliche oder sachliche Verhältnisse nicht mehr oder nur mit einem unverhältnismäßig großen Aufwand an Zeit, Kosten und Arbeitskraft einer bestimmten oder bestimmbaren natürlichen Person zugeordnet werden können."* Pseudonymisieren ist nach § 3 Abs. 6a BDSG nur *„das Ersetzen des Namens und anderer Identifikationsmerkmale durch ein Kennzeichen zu dem Zweck, die Bestimmung des Betroffenen auszuschließen oder wesentlich zu erschweren."* IP-Adressen werden zwar meist unter dem Aspekt der Personenbezogenheit wie Namen angesehen. Eigentlich können sie danach aber als pseudonyme Identifikatoren angesehen werden. Gleiches gilt aber auch für Cookie-Identifikationsnummern und ähnlichen Pseudonymisierungstechniken.

> Wichtig ist zudem die **Einhaltung des Trennungsgebotes**. Nutzungsdaten dürfen nicht mit dem Namen oder z. B. der E-Mail-Adresse des Besuchers verknüpft werden. Die Profile müssen Sie getrennt von diesen Daten halten.

Praxisbeispiel

Schauen wir uns HTML-Mails an, bei denen nach dem Öffnungsvorgang Bilder nachgeladen werden. Wenn Sie dabei ein Datum ausliefern, aus dem Sie eine Zuordnung zur E-Mail-Adresse des Beziehers erstellen könnten und von dieser Adresse zum Namen, dann ist die Erhebung des Nutzungsprofils an dieser Stelle nicht mehr pseudonym und verstößt ohne Einwilligung gegen das Gesetz. Hier sind zwar komplizierte Techniken denkbar, die über Verschlüsselungstechniken („Hash-Werte") letztlich den pseudonymen Schutz zwischen den Informationen aufrechterhalten, aber die Tücke kann hier im Detail liegen. Solche Systeme sollten Sie im Zweifel vor ihrem Einsatz rechtlich absichern lassen.

Wichtig für den Praktiker ist es zu wissen, dass jedenfalls dann, wenn z. B. der Webseitenbesucher sich bei Ihnen einloggt oder er seine E-Mail-Adresse angibt, die IP-Adresse diesen Daten zugeordnet werden kann. Dann spätestens handelt es sich also um ein personenbezogenes Datum. Selbst in diesen Fällen soll nach umstrittener Ansicht die vorherige Nutzungsprofilbildung nach dem TMG erlaubt bleiben, da ansonsten eine Vielzahl von Webseiten nicht von der Erlaubnis Gebrauch machen könnte.

Vieles spricht dafür, vor allem praktische Erwägungen. Wer Tracking machen möchte, muss sich der Meinung anschließen, dass eine Identifizierung über ein Login und andere Dateneingaben generell die weitere Nutzung der gewonnenen Daten nicht hindert, solange diese dann pseudonym und getrennt gespeichert genutzt werden.

Das Gesetz verlangt die Einhaltung des **Grundsatzes der Datensparsamkeit** (§ 3a BDSG bzw. Datenminimierung (Art. 5 Abs. 1c DS-GVO)). Dies gilt auch bei der Profilbildung.

Dazu gehört es, dass Daten nicht ohne Festlegung eines Zwecks gespeichert werden und auch nur für den für die Zweckerfüllung benötigten Zeitraum. Bevorzugt sollten Sie daher auch bei Vorliegen einer Einwilligung sog. „sessionbezogene Nutzungsprofile", die nur kurze Zeitintervalle abbilden, nutzen.

> Beachten Sie auch die Löschungspflichten. Danach sind personenbezogene Nutzungsdaten zu löschen, wenn die Nutzung beendet wird.

Pseudonyme oder gar anonyme Nutzungsprofile dürfen jedoch solange gespeichert bleiben, wie es der Zweck, für den die Erhebung erfolgt ist, erfordert. Das kann bei Webseiten bedeuten, dass die Daten nach dem Seitenbesuch wieder gelöscht werden müssen, wenn sie nur „zur Erleichterung der Nutzung" während dieses Besuchs erhoben wurden.

„Personen, die sich für dieses Produkt interessierten, interessierten sich auch für jenes Produkt." Eine solche Onsite-Werbung kann auf dieser aktuell noch gültigen Basis bei Auswertung unter Nutzung der IP-Adressen grundsätzlich ohne Einwilligung erstellt werden, wenn das Trennungsgebot durchgehalten wird.

Ab 2018 hilft zunächst eine gesetzliche Ermächtigung in der DS-GVO weiter. Dort ist in Art. 6 Abs. 1 Buchstabe f geregelt, dass unter folgender Bedingung eine Datenverarbeitung rechtmäßig sein soll:

f) die Verarbeitung ist zur Wahrung der berechtigten Interessen des Verantwortlichen oder eines Dritten erforderlich, sofern nicht die Interessen oder Grundrechte und Grundfreiheiten der betroffenen Person, die den Schutz personenbezogener Daten erfordern, überwiegen, insbesondere dann, wenn es sich bei der betroffenen Person um ein Kind handelt.

Sieht man sich dazu die Erwägungsgründe in der Verordnung an, wird man in Erwägungsgrund 47 fündig. Dort heißt es:

Die Verarbeitung personenbezogener Daten zum Zwecke der Direktwerbung kann als eine einem berechtigten Interesse dienende Verarbeitung betrachtet werden.

Man darf dies getrost, zumindest ab 2018, als den Schlüsselsatz der Rechtsgrundlage für eine personalisierte Werbung betrachten, bis die ePrivacy-Verordnung hier noch konkreter wird. In der Konsequenz bedeutet dies, dass grundsätzlich die Datenverarbeitung für Zwecke der Direktwerbung, zumindest nach einer positiven Interessenabwägung, gesetzlich erlaubt ist. Damit bedarf sie keiner gesonderten Einwilligung des Betroffenen.

Die Tücke liegt natürlich im Detail, welches im Rahmen der Interessenabwägung zum Tragen kommen kann. Wann überwiegen die Interessen des Webseitenbesuchers? In welchen Fällen überwiegen Schutzerfordernisse? Eine Antwort gibt es für Kinder. Bei Webseiten, die auf Kinder ausgerichtet sind, dürfte für Datenverarbeitungen regelmäßig eine Einwilligung der Erziehungsberechtigten notwendig sein. Das bedeutet: Registrierung und erst nach Einwilligung einsetzende Maßnahmen. Der Status des Kindes ist nach Art. 8 erfüllt, wenn die Person noch nicht das 16. Lebensjahr vollendet hat. Hier kann es aber in den einzelnen EU-Ländern künftig zu Abweichungen kommen, da diese die Schranke auch niedriger ansetzen dürfen. Allerdings ist bei unter 13 Jahren Schluss.

Generell hätte man also einen rechtlich gangbaren Weg, Interessendaten aufzuzeichnen und für Werbezwecke zu nutzen. Der Haken und letztlich kaum aufklärbare Widerspruch liegt in den Erfordernissen einer anderen rechtlichen Regelung, der sog. Cookie-Richtlinie.

3.2   Cookies & Co

Die Erfassung der Daten erfolgt oft über Cookies. Diese „Plätzchen" sind Dateien, in denen z. B. die Seitenaufrufe gespeichert werden. Das rechtliche Rezept für dieses „Gebäck" findet sich in der Richtlinie 2002/58/EG, ergänzt durch die Richtlinie 2009/136/EG über den Schutz personenbezogener Daten in der elektronischen Kommunikation, auch Cookie-Richtlinie oder E-Privacy-Richtlinie genannt. Die fordert in Artikel 5 Absatz 3 seit Mai 2011 von den EU-Staaten sicherzustellen,

dass die Speicherung von Informationen oder der Zugriff auf Informationen, die bereits im Endgerät eines Teilnehmers oder Nutzers gespeichert sind, nur gestattet ist, wenn der betreffende Teilnehmer oder Nutzer auf der Grundlage von klaren und umfassenden Informationen, die er gemäß der Richtlinie 95/46/EG u. a. über die Zwecke der Verarbeitung erhält, seine Einwilligung gegeben hat.

3.2.1 Widerspruchs- oder Einwilligungslösung

Art. 5 Abs. 3 der Richtlinie verlangt also einen eindeutigen Hinweis und eine Einwilligung. Eine gesetzliche Regelung zur exakten Umsetzung existiert im deutschen Recht allerdings nicht. Wie so häufig, existieren dazu unterschiedliche Ansichten. Daher ist es hierzulande bislang unklar, ob es ausreicht, dem Besucher ein Opt-Out (Widerspruchslösung) anzubieten oder ob er eine ausdrückliche Einwilligung erteilen muss.

Die Praxis löst dies für sich so, dass in den meisten Fällen dem Webseitenbesucher nur ein Opt-Out angeboten wird. Es spricht einiges dafür, dass dies ausreicht und einer gerichtlichen Prüfung Stand hält (siehe auch nachfolgendes Praxisbeispiel). Dabei wird zweistufig vorgegangen:

In **Stufe 1** wird der Webseitenbesucher über die Verwendung von Cookies und über das ihm zustehende Widerspruchsrecht allgemein informiert. In **Stufe 2** werden ihm weitere Informationen über einen Link angeboten. Der führt entweder auf eine gesonderte Cookie Policy oder auf die Datenschutzhinweise. Dort werden dann technische Hilfestellungen erläutert, mit dem der Besucher sein Widerspruchsrecht ausüben kann (Abb. 1 und 2).

> Diese Website nutzt Cookies. Mit der weiteren Nutzung dieser Seite erklären Sie Ihre Zustimmung. Ich möchte mehr erfahren   Ausblenden

Abb. 1 Cookie-Banner einfach

> Diese Webseite benutzt Cookies, um einige Funktionen anzubieten, pseudonyme Nutzungsstatistiken zu erstellen   OK
> und Werbung anzuzeigen. Weitere Informationen

Abb. 2 Cookie-Banner mit Nutzungsfestlegung

Nach der neuen ab 2018 gültigen DS-GVO ergeben sich neue Vorgaben für eine Einwilligung. So definiert Art. 4 Nr. 11 die Einwilligung so, dass jedenfalls künftig auch schlüssige Handlungen ausreichen. Damit wird eine ausdrückliche Einwilligung, etwa über eine Check-Box nicht mehr verlangt:

"Einwilligung" der betroffenen Person: jede freiwillig für den bestimmten Fall, in informierter Weise und unmissverständlich abgegebene Willensbekundung in Form einer Erklärung oder einer sonstigen eindeutigen bestätigenden Handlung, mit der die betroffene Person zu verstehen gibt, dass sie mit der Verarbeitung der sie betreffenden personenbezogenen Daten einverstanden ist;

Damit sind zum Beispiel auch Handlungen, wie die weitere Nutzung einer Webseite als Einwilligung denkbar, wenn zuvor ausreichende Informationen erteilt wurden.

Für das Setzen von Cookies hilft die Regelung allerdings nicht in allen Fällen weiter, da Art. 5 Abs. 3 der noch gültigen ePrivacy-Richtlinie alle Daten erfasst, nicht nur solche Daten mit Personenbezug. Sie ist daher in vielen Fällen zu beachten und könnte als vorrangig angesehen werden. Da zudem eine Differenzierung zwischen den Daten nicht möglich ist, bleibt sie maßgeblich.

Zu empfehlen wäre hier eine möglichst informative Angabe, dass und zu welchen generellen Zwecken Cookies eingesetzt werden sowie zumindest ein Verweis auf ein technisch ausübbares Widerspruchsrecht. Besser wäre natürlich ein ausführlicher Einwilligungstext, der dann allerdings in vielen Fällen an der Komplexität der Datenerhebung und Nutzung scheitern dürfte. Der Entwurf der ePrivacy-Verordnung sieht ein Einwilligungserfordernis für Cookies vor, wobei Browsereinstellungen („Do not track") Berücksichtigung finden sollen.

3.2.2 Web-Beacons und Bugs

Nicht nur Cookies spielen hierbei eine Rolle, sondern – vor allem im Newsletter-Marketing – auch andere Techniken, wie z. B. Web-Beacons oder Web-Bugs. Es handelt sich um kleinste Bilddateien, die das E-Mailprogramm von anderen Servern lädt. Der Ladevorgang wird protokolliert und gibt Auskunft darüber, dass z. B. die E-Mail geöffnet wurde und wann dies mit welchem Browser der Fall war. Ordnet man jeder E-Mail einem Web-Beacon z. B. bei der Dateibezeichnung eine individuelle Nummer zu („ID"), so kann man zusammen mit der E-Mail-Adresse solche Daten personenbezogen erheben und speichern. Eine ähnliche Möglichkeit ergibt sich, wenn man in den Newslettern enthaltene Links durch Kennnummern individualisiert oder solche individualisierten Links auf Webseiten mit der IP-Adresse des Besuchers verknüpft.

3.2.3 Zwischenfazit

Die Rechtslage bleibt unübersichtlich. Die Praxis nutzt ein Hinweisbanner, mit dem ein Webseitenbesucher konfrontiert wird. Dort wird darauf hingewiesen, dass Daten, die bei der Benutzung der Seiten anfallen per Cookie erfasst und für die Nutzungsmöglichkeit der Seite sowie für Werbezwecke verwendet werden. Zudem wird der Nutzer darauf hingewiesen, dass er der Erfassung und Nutzung widersprechen kann und wo er dazu weitere Informationen findet. Diese Informationen zur Datenerfassung und Nutzung sowie zu den Widerspruchsmöglichkeiten meist technischer Art werden dann in den Datenschutzhinweisen aufgeführt.

3.3   Praxisfall nach aktuellem Recht

Zur Nutzung von Cookies und sonstigen Techniken, bei denen „die Speicherung von Informationen oder der Zugriff auf Informationen, die bereits im Endgerät eines Teilnehmers oder Nutzers gespeichert sind", existieren auch vereinzelt Urteile, die aktuell ein Opt-Out zulassen, wie der nachfolgende Praxisfall zeigt.

Nach dem Studium der Theorie soll die Schilderung des Praxisfalls die Problemstellung etwas verdeutlichen.

Gewinnspiele werden häufig dazu genutzt, Daten, wie Adressen und E-Mail-Adressen für die Werbung zu erhalten. Es existiert ein regelrechter Angebotsmarkt für solche Daten. Die Ausführungen oben machen bereits deutlich, dass ohne eine ordnungsgemäße Einwilligung etwa die Verwendung von E-Mail-Adressen rechtlich problematisch sein kann. Insbesondere für die Neukundengewinnung gilt: Für die Werbung per E-Mail benötigt man nach dem Lauterkeitsrecht eine Einwilligung. Dies gilt auch für die B2B – Kommunikation. Die Gerichte stellen jedoch spezifische Anforderungen an die Einwilligungsklauseln. Nicht jede Einwilligungsklausel ist wirksam. Unter anderem muss für den Einwilligenden erkennbar sein, wem gegenüber er seine Einwilligung erteilt. Dies bringt für die oben erwähnten Dienstleister Probleme. Um wirtschaftlich arbeiten zu können, müssen die Einwilligungserklärungen für möglichst viele Kunden „passen".

Das OLG Frankfurt am Main (Urt. v. 17.12.2015, Az. 6 U 30/15) hatte über eine entsprechende Einwilligungsklausel zu entscheiden. Der Bundesverband der Verbraucherzentralen und Verbraucherverbände klagte gegen einen entsprechenden Anbieter von Gewinnspielen. Folgende Klauseln standen zur Überprüfung:

1. [ ] Ich bin einverstanden, dass einige Sponsoren und Kooperationspartner mich postalisch oder telefonisch oder per E-Mail/SMS über Angebote aus ihrem jeweiligen Geschäftsbereich informieren. Diese kann ich hier selbst bestimmen, ansonsten erfolgt die Auswahl durch den Veranstalter. Das Einverständnis kann ich jederzeit widerrufen. Weitere Infos dazu hier:
2. [X] Ich bin einverstanden, dass der Webanalysedienst [Name] bei mir eingesetzt wird. Das hat zur Folge, dass der Gewinnspielveranstalter, die X. GmbH, nach Registrierung für das Gewinnspiel Cookies setzt, welches X. eine Auswertung meines Surf- und Nutzungsverhaltens auf Websites von Werbepartnern und damit interessengerichtete Werbung durch [Name] ermöglicht. (…).

3.3.1 Transparenz der Einwilligungserklärung

Die Betroffenen mussten vor Abgabe der Einwilligungserklärung eine Liste aufrufen. Diese enthielt 59 Unternehmen und befand sich auf Unterseiten, auf die verlinkt worden war. Wollte man einem Unternehmen keine Einwilligung erteilen, musste man es über einen Button abwählen („Opt-Out").

Das LG Frankfurt als Gericht in I. Instanz rügte mangelnde Transparenz. Der Betroffene erkenne nicht rechtzeitig, welche Sponsoren von der Einwilligung umfasst seien. Dies werde erst bei Aufruf weiterer Unterseiten und damit zu spät deutlich. Auch den in der Berufung angerufenen Richtern des OLG Frankfurt fehlte die notwendige Überschaubarkeit und Verständlichkeit. Die eingeräumte Abwahlmöglichkeit stellte sich nach dem Urteil nur als „theoretische Option" dar. Der Aufwand sei zu hoch und werde von den Teilnehmern des Gewinnspiels auch nicht betrieben. Die Rechtsprechung des BGH fordere eine Einwilligung „in Kenntnis der Sachlage". Das sei bei der vorgegebenen Konstruktion nicht realisiert. Im Urteil heißt es dazu:

Die Gestaltung der Einwilligungserklärung sowie der verlinkten Unternehmensliste ist vielmehr darauf angelegt, beim Verbraucher mit dem im Erklärungstext enthaltenen Hinweis zunächst den Eindruck zu erwecken, die werbenden Anrufer selbst bestimmen zu können, ihn dann nach Aufruf der verlinkten Liste aber mit einem unverhältnismäßig aufwendigen Auswahlvorgang zu konfrontieren in der Erwartung, dass der Spielteilnehmer unter diesen Umständen der - als Alternative angebotenen - Auswahl von höchstens 30 Unternehmen durch die Beklagte zustimmen wird. Eine auf diese Weise erzeugte Einwilligungserklärung ist nicht "in Kenntnis der Sachlage" im Sinne der Rechtsprechung des Bundesgerichtshofs abgegeben (OLG Frankfurt am Main, Urt. v. 17.12.2015, Az. 6 U 30/15).

Transparenz ist das Stichwort für die Gestaltung der Einwilligung. Sie muss den Nutzer informieren und auch die Ausgestaltung muss übersichtlich erfolgen. Verlinkungen aus dem Einwilligungstext hinaus werden bereits als zu kompliziert angesehen und – wie das Urteil zeigt – von den Gerichten nicht akzeptiert.

Eine mangelhafte Einwilligung wird so behandelt, wie eine solche, die nicht eingeholt wurde.

3.3.2 Opt-Out bei Cookies ist ausreichend

Sehr interessant für unseren hier behandelten Themenbereich der Cookies waren die Ausführungen des OLG Frankfurt zu der zweiten Klausel. Diese sah eine Einwilligung für das Setzen eines Cookies vor. Allerdings war die entsprechende Checkbox bereits angekreuzt. Die Richter gingen bei ihrer Entscheidung jedoch davon aus, dass eine ausdrückliche Einwilligung nicht erteilt werden müsse. Nach dem Urteil des OLG Frankfurt genügt es, wenn einer Cookie-Nutzung widersprochen werden kann, indem etwa ein vorangekreuztes Häkchen wieder entfernt werden muss. Ein Opt-In sei nicht erforderlich.

Die aktuell noch gültige Vorschrift des § 15 Abs. 3 TMG, die dem Nutzer ein Widerspruchsrecht gegen die Verwendung von Nutzungsdaten einräume, stelle sogar ausdrücklich klar, dass ein „opt-out"-Verfahren ausreichend sei. Auch müsse der Nutzer nicht darüber informiert werden, dass er durch das Entfernen des Häkchens sein Widerspruchsrecht ausüben kann. Dies wisse ein durchschnittlicher Internetnutzer heutzutage.

Auch der Umstand, dass weitere Informationen über das Cookie und die Verwendung der Daten erst mittels eines Links erhältlich waren, sahen die Richter nicht als problematisch an. Informationen über die Hintergründe und die Tragweite der Einwilligung dürften durch einen deutlich gekennzeichneten Link vermittelt werden. Die Gestaltung kann zwar problematisch sein, wenn bereits die Einwilligungserklärung wichtige Punkte enthält, andere aber unterschlägt. Dies prüften die Richter hier jedoch nicht weiter. Auch war es nach deren Ansicht nicht erforderlich darüber zu informieren, wer auf das Cookie zugreifen konnte. Das Gesetz verlange dies nicht. Die Grundsätze zu Einwilligungen belästigender Werbung seien hier nicht anwendbar.

3.4   Fazit zum Einwilligungserfordernis bei Cookies & Co

Die Entscheidung ist nicht überraschend, soweit sie den Versuch des beklagten Unternehmens unterbindet, über lange Listen möglichst viele potenzielle Kunden in die Lage zu versetzen, belästigende Werbung per E-Mail auf Basis einer solchen Einwilligung vornehmen zu können. Interessant ist die Entscheidung zur Cookie-Einwilligung. Das OLG Urteil gibt praktische Anhaltspunkte dafür, wie nach aktueller Rechtslage eine Information zur Cookie-Nutzung ausgestaltet sein muss und welche Anforderungen an die „Einwilligung" gestellt werden. Die sind, was Inhalt und Form angeht, nicht ganz so streng, wie bei der eigentlichen Einwilligung zur E-Mail-Adressnutzung. Auch die Landesdatenschutzbehörden, die regelmäßig Praxisempfehlungen in Datenschutzfragen im Rahmen des sog. „Düsseldorfer Kreis" publizieren, lassen ein Opt-Out bei Cookies derzeit ausreichen. Jedenfalls gehen sie davon aus, dass es mangels bestimmter Umsetzung zurzeit keine Sanktionsmöglichkeit gibt, wenn für Cookies nur ein Opt-Out vorgesehen wird. Mit der ePrivacy-Richtlinie werden sich die Rahmenbedingungen ändern und wahrscheinlich reichen Browsereinstellungen aus. Die muss man dann aber auch auslesen und verwerten können.

3.5   Grundanforderungen einhalten

Allerdings muss in jedem Fall beachtet werden, dass es grundsätzlich einer **vorherigen transparenten Information** bedarf und je nach weiterer Verwendung einer **Trennung der Daten (Pseudonymisierung)** oder einer **Einwilligung.** In jedem Fall muss der Betroffene Schutzmöglichkeiten erhalten. Bei der pseudonymen Erfassung mindestens durch **Opt-Out** und bei einer Einwilligung muss er einen **Widerruf** adressieren können.

Will man etwa die Daten lediglich statistisch auswerten und daraus eine allgemeine Ansprache der Besucher ableiten, verletzt das noch nicht das geltende Trennungsgebot, da es bei einer Pseudonymisierung verbleibt. Soll jedoch eine direkte namentliche Ansprache des Betroffenen bzw. eine solche per E-Mail erfolgen und die von ihm erzeugten Daten dabei genutzt werden, wird das Trennungsgebot verletzt. Zu der Zusammenführung von getrackten Daten mit dem Namen oder eines vergleichbaren Datums, wie der E-Mail-Adresse bedarf es einer Einwilligung des Betroffenen. Ein Opt-Out reicht nicht.

3.6   Informationspflichten

Zur Erfassung von Daten mittels Tracking bedarf es also einer informierten Einwilligung bzw. der Möglichkeit des Widerspruchs. Informiert ist der von der Datenerhebung Betroffene aber nur, wenn er die Reichweite der Datennutzung und damit seines fortgesetzten oder ausdrücklich erteilten Einverständnisses überblicken kann.

Nach § 13 Abs. 1 TMG ist der Diensteanbieter verpflichtet, *„bei einem automatisierten Verfahren, das eine spätere Identifizierung des Nutzers ermöglicht und eine Erhebung oder Verwendung personenbezogener Daten vorbereitet"*, den betroffenen Nutzer *„zu Beginn des Nutzungsvorgangs über Art, Umfang und Zwecke der Erhebung und Verwendung personenbezogener Daten [...] in allgemein verständlicher Form zu unterrichten"*. Nach der Cookie-Richtlinie muss über alle Daten informiert werden, die mittels Cookies & Co erhoben werden, auch wenn ein Personenbezug fehlt.

Die Informationspflicht über die Datenerhebung und -verwendung trifft also den Webseitenbetreiber auch dann, wenn die Datenerhebung und Nutzung keiner Einwilligung bedarf oder sie gesetzlich erlaubt ist.

Weitere Pflichten treten hinzu, wenn eine ausdrückliche Einwilligung erteilt werden soll.

3.6.1 Inhalt der Informationspflicht bei pseudonymer Datenerhebung

Deutlich wird aus der vorstehend zitierten Regelung, dass Allgemeinplätze wie die „Verbesserung des Nutzererlebnisses" oder in der Form „Wir nutzen Ihre Daten nur nach den gesetzlichen Vorgaben" nicht ausreichen können. Erforderlich sind vielmehr einigermaßen konkrete Angaben darüber,

- welche Daten erhoben werden,
- in welcher Weise sie erhoben werden,
- zu welchem Zweck und wie der Betroffene sein Recht auf Widerspruch (Opt-Out) ausüben kann.

Da ein Tracking häufig mit Dienstleistern realisiert wird, kann zu einer entsprechenden Information auch der Name und die Adresse des Dienstleisters gehören, wobei in unserem Praxisfall oben zumindest das OLG Frankfurt keine Einwände hatte, dass solche Angaben fehlten. Der Autor dieses Beitrags empfiehlt allerdings die Angaben, zumal in vielen Fällen ein wirksamer Widerspruch erst über die Webseite des Dienstleisters erfolgen kann.

Hat der Anbieter seinen Sitz in einem Land außerhalb der EU oder dem Europäischen Wirtschaftsraum (EWR), so muss der Webseitenbetreiber zusätzliche Anforderungen beachten. Hier müssen bestimmte Verträge geschlossen werden, die als Musterverträge vorgegeben sind. Die Details sind leider kompliziert.

Schalten Sie etwa US-amerikanische Unternehmen, wie Google mit seinem Analytics-Angebot ein, kommen Sie sofort in Konflikt mit den Anforderungen an das einzuhaltende Datenschutzniveau. Nach § 4b Abs. 2 S. 2 BDSG unterbleibt die Übermittlung von Daten in das Ausland, *„soweit der Betroffene ein schutzwürdiges Interesse an dem Ausschluss der Übermittlung hat, insbesondere wenn bei den in Satz 1 genannten Stellen ein angemessenes Datenschutzniveau nicht gewährleistet ist".* Sie benötigen in diesen Fällen also eine Einwilligung des Betroffenen.

Seit November 2009 hat der sog. Düsseldorfer Kreis Empfehlungen für den Einsatz von Google Analytics beschlossen (Beschluss vom 26./27.11.2009; http://www.lda.bayern.de/onlinepruefung/Beschluss_Reichweitenmessung.pdf). Um das Tool datenschutzkonform einzusetzen, müssen Sie z. B. programmtechnische Modifikationen vornehmen, die eine Verkürzung/Teillöschung der IP-Adresse des Besuchers Ihrer

Seiten vor der Speicherung auf Google-Servern in Europa bewirken, die Google per Javascriptcode grundsätzlich vollständig erfasst. (Einbindung des Operators anonymizeIp; Anleitung in Englisch hier https://developers.google.com/analytics/devguides/collection/analyticsjs/advanced#anonymizeip).

Aber selbst das galt nur unter der Regie eines Abkommens zwischen der EU und den USA. Stichwort hierzu war bis vor kurzem „**Safe Harbor**". US-Anbieter, die am Programm teilnahmen, galten als datenschutzrechtlich unbedenklich. Es war gegebenenfalls noch ein schriftlicher Auftragsdatenverarbeitungsvertrag zu schließen.

Mit dieser in der Praxis realisierbaren Lösung war aber leider Schluss, als der Europäische Gerichtshof die Privilegierung am 6. Oktober 2015 (Az. C 362/14 Schremps) kippte. Seit 2. Februar 2016 hat die Europäische Kommission zumindest signalisiert, man habe sich mit den USA auf eine Nachfolgeregelung geeinigt: **EU-US Privacy Shield.** Leider kann diese Ankündigung noch nicht als Lösung gelten, da die Datenschutzbehörden und viele Kritiker sich damit nicht zufriedengeben. Was bleibt ist zurzeit auch in diesem wichtigen Bereich des Einsatzes von US-Dienstleistern im Rahmen von Datenverarbeitungen eine erhebliche rechtliche Unsicherheit. Eigentlich bleibt aus rein rechtlicher Sicht nur der Rat, sich nach Dienstleistern in der EU umzusehen oder man geht schwer einschätzbare Risiken ein. Der eventuell gangbare Weg mit individuellen Vertragsschlüssen mit den einzelnen Unternehmen und detaillierten datenschutzrechtlichen Vorgaben dürfte jedenfalls in der Praxis kaum realistisch sein. Zudem können US-Unternehmen ebenfalls aus Rechtsgründen kaum wirksame vertragliche Verpflichtungen eingehen, die etwa die nationalen Sicherheitsbehörden der USA aus allen Datenverarbeitungsvorgängen heraushalten.

3.6.2 Zeitpunkt der Informationspflicht

Generell fordert das TMG, dass die Informationen „zu Beginn des Nutzungsvorgangs" erfolgen müssen. Die Cookie-Richtlinie verlangt, dass „der betreffende Teilnehmer oder Nutzer <u>auf der Grundlage</u> von

<u>klaren und umfassenden Informationen</u>, die er gemäß der Richtlinie 95/46/EG u. a. über die Zwecke der Verarbeitung erhält, seine Einwilligung gegeben hat." Damit müssen die Informationen vor der Einwilligung erfolgen bzw. deren Grundlage sein.

In der Praxis hat sich die Kombination von Cookie-Banner und Datenschutzhinweisen mit ausführlichen Informationen bewährt (vgl. oben „Widerspruchs- oder Einwilligungslösung"). Der Webseitenbesucher erhält hierdurch die Informationen schon beim „Betreten" der Webseite und kann gleich erklären, ob er der Verwendung von Cookies bzw. der Datenerhebung und -nutzung zustimmt oder kann ihr zumindest widersprechen.

3.6.3 Ort der Information

Das setzt voraus, dass diese Cookie-Banner-Lösung immer dann präsentiert wird, wenn der Besucher irgendeine Seite bzw. einen Bestandteil der Webseite kontaktiert, auf der das Tracking bzw. der Einsatz von Cookies starten soll. Dabei ist es unerheblich, ob das Cookie-Banner oben auf der Seite erscheint oder unten im Screen. Es muss nur ohne Scrollen wahrnehmbar sein, was regelmäßig für „oben" oder „oben seitlich" angeordnet spricht.

3.6.4 Abrufbarkeit der Information

In der Regel sollte es ausreichen, wenn die Betroffenen die Informationen zur Datennutzung und Verwendung im Rahmen eines Trackings in den Datenschutzhinweisen abrufen können.

3.7   Einwilligungen

Spezielle Vorgaben macht das geltende Recht (noch) zu Einwilligungen. Sie gelten in jedem Fall, wenn es etwa um weitergehende Einwilligungen z. B. zur E-Mail-Verwendung geht. Einwilligungen können gemäß § 4a BDSG zudem <u>grundsätzlich nur schriftlich</u> erteilt werden. Eine Ausnahme hiervon macht § 28 Abs. 3a BDSG. Darin heißt es:

> Wird die Einwilligung nach § 4a Absatz 1 Satz 3 in anderer Form als der Schriftform erteilt, hat die verantwortliche Stelle dem Betroffenen den Inhalt der Einwilligung schriftlich zu bestätigen, es sei denn, dass die Einwilligung elektronisch erklärt wird und die verantwortliche Stelle sicherstellt, dass die Einwilligung protokolliert wird und der Betroffene deren Inhalt jederzeit abrufen und die Einwilligung jederzeit mit Wirkung für die Zukunft widerrufen kann. Soll die Einwilligung zusammen mit anderen Erklärungen schriftlich erteilt werden, ist sie in drucktechnisch deutlicher Gestaltung besonders hervorzuheben.

Ähnliche Anforderungen sieht das TMG für Einwilligungen im Internet vor. Hier die datenschutzrechtliche Regelung zur Einwilligung im Internet aus § 13 Abs. 2 u. 3 TMG:

> (2) Die Einwilligung kann elektronisch erklärt werden, wenn der Diensteanbieter sicherstellt, dass
> 1. der Nutzer seine Einwilligung bewusst und eindeutig erteilt hat,
> 2. die Einwilligung protokolliert wird,
> 3. der Nutzer den Inhalt der Einwilligung jederzeit abrufen kann und
> 4. der Nutzer die Einwilligung jederzeit mit Wirkung für die Zukunft widerrufen kann.
> (3) Der Diensteanbieter hat den Nutzer vor Erklärung der Einwilligung auf das Recht nach Absatz 2 Nr. 4 hinzuweisen.

Sofern die Einwilligung nicht schriftlich, sondern z. B. elektronisch erteilt wird, ist danach erforderlich, dass

* der Nutzer seine Einwilligung bewusst und eindeutig erteilt hat (Checkbox),
* die Einwilligung protokolliert wird,
* der Nutzer den Inhalt der Einwilligung jederzeit abrufen kann und
* der Nutzer die Einwilligung jederzeit mit Wirkung für die Zukunft widerrufen kann.

Sie müssen also dafür sorgen, dass Einwilligungen abgerufen werden können.

Dem Gesetzgeber schwebte hier wohl ein Nutzer-Account vor, in dem man die Einwilligungen mit Datum und damals geltenden Datenschutzbestimmungen vorfindet. In der Praxis begnügt man sich damit, dass auf die Abrufbarkeit per E-Mail-Anfrage hingewiesen wird. Daran kann man vielleicht kritisieren, dass eine Information per E-Mail-Antwort nicht „jederzeit" erfolgt. Bislang haben sich Gerichte damit aber noch nicht befasst. Eine Wartezeit von wenigen Stunden dürfte man auch noch als hinnehmbar ansehen, ohne dass der Zweck der Vorschrift verletzt wird.

3.7.1 Double-Opt in

Eine wesentliche rechtliche Rolle spielt bei Einwilligungen auch die Beweisbarkeit.

Die Beweislast trägt immer die datenerhebende und nutzende Stelle.

Bei der Einwilligung zur E-Mail-Nutzung hat sich das Double-Opt-In-Verfahren bewährt. Dadurch wird der Nachweis sichergestellt, dass die Einwilligung tatsächlich auch von dem Inhaber der E-Mail- Adresse erteilt wurde.

Beim Double-Opt-In muss der E-Mail-Adresseninhaber noch einmal z. B. über einen Link in der Registrierungsnachricht seine Registrierung bestätigen. Das Procedere läuft wie folgt ab:

1. Einwilligung des Betroffenen in den Erhalt des E-Mail Newsletters auf der Webseite (1. Opt-In)
2. Versendung der Confirmation-Mail durch den Unternehmer
3. Bestätigung des Kunden, dass Newsletter bezogen werden soll (2. Opt-In).

Das AG Berlin Mitte hat mit dem Urteil vom 11.06.2008 – Az. 21 C 43/08 hierzu festgestellt:

> Das Double-Opt-In-Verfahren ist geeignet und ausreichend, um einen Missbrauch durch Eingabe von E-Mail-Adressen von Dritten zu verhindern und stellt keine unzumutbare Belästigung dar.

Auch einem Urteil des BGH (Az. I ZR 164/09) lässt sich entnehmen, dass das Double-Opt-In Verfahren grundsätzlich nicht zu beanstanden ist.

> Geht ein Teilnahmeantrag elektronisch ein, so kann dessen Absender durch eine E-Mail um Bestätigung seines Teilnahmewunsches gebeten werden. Nach Eingang der erbetenen Bestätigung kann angenommen werden, dass der Antrag tatsächlich von der angegebenen E-Mail-Adresse stammt. Hat der Verbraucher durch Setzen eines Häkchens in dem Teilnahmeformular bestätigt, dass er mit der Übersendung von Werbung einverstanden ist, ist grundsätzlich hinreichend dokumentiert, dass er in E-Mail-Werbung an diese E-Mail-Adresse ausdrücklich eingewilligt hat.

> Nach der Rechtsprechung des Senats hat der Werbende mit einem solchen Verfahren ausreichend sichergestellt, dass es nicht aufgrund von Falscheingaben zu einer Versendung von E-Mail-Werbung kommt.

3.7.2 Anforderungen an die Confirmation Mail

Gestalten Sie die E-Mail, welche die Bestätigung der Einwilligung anfordert (Confirmation Mail) möglichst einfach und ohne Werbung. Sonst könnte man auf die Idee kommen, dass schon diese Registrierungs-E-Mail eine werbliche Belästigung ist.

So hat das OLG München etwa mit Urteil vom 27.09.2012 (29 U 168/12) entschieden, dass eine Confirmation Mail als unerlaubte Werbung anzusehen ist, wenn keine Einwilligung vorliegt. Es hat ausgeführt:

Mit der E-Mail vom 20. Februar 2011 verfolgte die Beklagte das Ziel, die Erbringung ihrer Dienstleistung (Anlageberatung) zu fördern, wenn auch zunächst lediglich mit dem Bestreben, eine ausdrückliche Einwilligung des Adressaten für weitere Werbemaßnahmen zu erlangen. Diese E-Mail war daher eine in unmittelbarem Zusammenhang mit der Förderung ihrer Anlageberatungstätigkeit stehende Äußerung der Beklagten und damit eine Werbung im Sinne des § 7 Abs. 2 Nr. 3 UWG. Dabei ist es nicht erforderlich, dass die angegriffene Mail selbst eine Werbebotschaft enthält.

Nach dem Urteil wurden zudem Stimmen laut, nach welchen das Double-Opt-In-Verfahren insgesamt nicht mehr zulässig sein soll. So könne dem Urteil entnommen werden, dass eine Confirmation-Mail stets als unzulässige Werbung angesehen werden müsse. Das dürfte jedoch nicht haltbar sein.

Gehen Sie davon aus, dass das Double-Opt-In Verfahren weiter zulässig ist, wenn eben der Unternehmer durch eine entsprechende Protokollierung nachweisen kann, dass eine erste Einwilligung in den Erhalt eines E-Mail-Newsletters erteilt wurde. Denn in dem von dem OLG München zu entscheidenden Fall war es so, dass die Beklagte eine ausdrückliche 1. Einwilligung der Klägerin gerade nicht vorgelegt, sondern lediglich behauptet hat, dass sich die Klägerin auf der Internetseite der Beklagten unter Angabe ihrer E-Mail-Adresse für das Newsletter-Abonnement angemeldet habe. Dies reichte dem Gericht nicht aus.

Für die Zulässigkeit des Double-Opt-In sprach sich auch das OLG Celle aus (Urteil vom 15.05.2014). Die Frage war für das zugrunde-liegende Verfahren nicht entscheidungserheblich. Das Gericht führte gleichwohl aus:

Der Senat neigt dazu, das sog. double-opt-in-Verfahren als praxisge-rechte Möglichkeit anzusehen, die Einwilligung in E-Mail-Werbung nachzuweisen. Der Beweiswert dieses Verfahrens mag betreffend Telefonwerbung gering sein (vgl. dazu BGH, Urteil vom 10. Februar 2011 – I ZR 164/09 -, juris Tz. 49 f.), dürfte jedoch betreffend der hier in Frage stehenden E-Mail-Werbung ausreichend sein. Zwar kann der Verbraucher sich auch nach Bestätigung seiner Mail-Adresse im double-opt-in-Verfahren noch darauf berufen, er habe die unter dieser Adresse abgeschickte Einwilligung nicht abgegeben. Dafür trägt er allerdings die Darlegungslast (BGH, a. a. O., Tz. 38). Der Senat neigt entgegen der Auffassung des Oberlandesgerichts München (Urteil vom 27. September 2012 – 29 U 1682/12 -, juris Tz. 51 ff.) auch dazu, die Übersendung einer Aufforderung zur Bestätigung im Rahmen des double-opt-in-Verfahrens nicht als unzulässige Werbung im Sinne des § 7 Abs. 2 Nr. 3 UWG anzusehen (ebenso: Köhler, a. a. O., § 7 Rdnr. 189).

> Der Versender muss jedoch in der Lage sein, entsprechend den gerade in der jüngsten Zeit durch den BGH entwickelten Anforderungen, Nachweise für eine erteilte Einwilligung zu erbringen. Kann er dies, so ist die Confirmation-E-Mail eine hinzunehmende Kontaktaufnahme.

Dies gilt aber selbstverständlich nur dann, wenn nicht der Charakter des Zwecks der Mail verschleiert wird und soweit damit auch keine weitergehenden werblichen Zwecke verfolgt werden.

3.7.3 Speicherung/Protokollierung der Einwilligung

> Wichtig ist danach, dass eine elektronisch erteilte Einwilligung genauestens protokolliert und in einer Weise gespeichert wird, dass sie jederzeit abgerufen werden kann.

Der BGH stellt an diese Protokollierung hohe Anforderungen. Der Einwilligungstext muss dabei zusammen mit dem Namen des Einwilligenden gespeichert werden und zum Nachweisfall abrufbar sein. Das LG Bonn hat die Anforderungen mit Urteil vom 10.01.2012 (Az. 11 O 40/11) konkretisiert und gefordert, dass die konkrete Einverständniserklärung so gespeichert wird, dass sie jederzeit ausgedruckt und im Prozess vorgelegt werden kann.

Exemplarische Ausdrucke eines „Double-Opt-In-Verfahrens" sowie eine Auflistung der eingetragenen Daten nebst einer IP-Nummer, die einen übereinstimmenden Standort des entsprechenden Servers mit dem Wohnort des Zeugen dokumentieren soll, genügen – nicht zuletzt in

Anbetracht der verbleibenden Dokumentationslücken – nicht (LG Bonn, Urt. vom 10.01.2012, Az. 11 O 40/11).

Die Protokollierung muss daher die folgenden Punkte erfassen:

* Anmeldezeitpunkt (Datum/Uhrzeit des 1. Opt-In)
* IP-Adresse des Anmelders
* Einwilligungstext
* Zeitpunkt Absendung Confirmation-E-Mail
* Inhalt Confirmation-E-Mail inkl. Einwilligungstext
* Zeitpunkt der Bestätigung

Es gibt auch Stimmen, welche die Erfassung der IP-Adresse für nicht notwendig oder sogar für falsch halten. Zwar gibt die Adresse nur indiziellen Aufschluss über den Absender, aber das kann man für ein berechtigtes Interesse genügen lassen.

3.7.4 Zwischenfazit

Die Erfüllung von Informationspflichten bedeutet die Mindestanforderungen bei der Personalisierung einzuhalten. Die Informationen müssen vollständig sein. Sie müssen transparent erteilt werden, also verständlich und übersichtlich. Bestimmte Werbeformen erfordern die Einhaltung spezifischer Anforderungen bei der Einwilligung und ihre Beweisbarkeit.

4   Personalisierte Ansprache

Nachdem wir bereits die „elektronische Post" als naheliegende Ansprachemöglichkeit unter dem Aspekt der Einwilligung behandelt haben, wenden wir uns nun intensiver den lauterkeitsrechtlichen Aspekten der persönlichen Ansprache zu. Wurden die Daten rechtlich einwandfrei erfasst, will man sie auch möglichst umfassend für Werbezwecke nutzen. Bei der Nutzung muss zwischen gesetzlich erlaubten und grundsätzlich als belästigend eingestuften Werbeformen unterschieden werden. Hier kommt neben dem Datenschutzrecht das Lauterkeitsrecht ins Spiel. Danach ist eine „kanalbezogene" Betrachtung geboten. Unter „Kanal" wird hier die Form der Übermittlung verstanden. Grundsätzlich ist zu differenzieren zwischen der Werbung per Post, der Werbung per elektronischer Post und per Telefon oder sonstigen Ansprachen, etwa an der Haustür.

4.1 Klassische Werbung per Direct Mail

Begonnen hat im Bereich des One2One-Marketings alles durch die persönliche Ansprache mit dem Namen oder Vornamen. Schon die Adressierung einer Werbemaßnahme ist eine Maßnahme der Personalisierung. Hier gilt es wieder das Verbot mit Erlaubnisvorbehalt zu beachten. Auch Adressdaten dürfen nämlich nicht ohne weiteres verwendet werden. Die gesetzliche Erlaubnis für die Nutzung von Adressdaten für werbliche Zwecke ist aktuell in § 28 Bundesdatenschutzgesetz (BDSG) beheimatet.

Bei der Nutzung von Adressdaten gilt das sogenannte modifizierte Listenprivileg. Nach Paragraf § 28 Abs. 3 Satz 2 BDSG Bundesdatenschutzgesetz dürfen ohne eine weitergehende Einwilligung nur ganz bestimmte Daten für werbliche Zwecke verwendet werden. Bei § 28 BDSG handelt es sich um die aktuell noch geltende zentrale Vorschrift im Datenschutzrecht für die Nutzung von Daten im privatwirtschaftlichen Bereich. Insbesondere bei der Nutzung von Daten für Werbezwecke wurden die Regeln 2009 neu bestimmt.

Bei dem sogenannten modifizierten Listenprivileg dürfen nur ganz bestimmte Daten für die Werbung genutzt werden. Diese Daten sind wie folgt gekennzeichnet:

Sie weisen ein gemeinsames Listenmerkmal auf, wie z. B. „Postkäufer der letzten 6 Monate". Die Adressen dürfen eine Berufs-/Branchen- oder Geschäftsbezeichnung aufweisen. Schließlich gilt: Sie müssen auf Name, Titel, akademische Grade, Anschrift und Geburtsjahr beschränkt sein.

Damit ist z. B. die Nutzung des Geburtsdatums, anders als die Nutzung des Geburtsjahres, nur mit Einwilligung des Betroffenen möglich. Gleiches gilt für weitere Daten, wie Telefonnummer oder E-Mail-Adresse. Soll die Personalisierung noch weitergehen und etwa Kaufhistorien erwähnt oder eine Kombination von Merkmalen für die Selektion herangezogen werden, dann ist grundsätzlich eine Einwilligung des Betroffenen erforderlich.

Lauterkeitsrechtlich gibt es nur die Einschränkung, dass ein Widerspruch oder sonstige erkennbare Ablehnung von Werbung immer zu beachten ist. Ein Abgleich mit der sog. „Robinson-Liste" (www.ichhabediewahl.de wird vom Deutscher Dialogmarketing Verband e. V. verantwortet) ist bei Printwerbeaktionen regelmäßig geboten. Auch unter Geltung der DS-GVO werden insoweit bisher erlaubte Werbemaßnahmen im Rahmen einer Interessenabwägung zulässig bleiben.

An dieser Stelle kann man schon einmal festhalten, dass die zielgerichtete Zusendung einer Printwerbung per Post an nach einem Kennzeichen ausgewählte (selektierte) Adressen ohne weitere Einwilligung des Betroffenen grundsätzlich zulässig ist, es sei denn, im Einzelfall ergibt sich aus einer Abwägung, dass ein Hinderungsgrund ersichtlich ist.

Auch die Übermittlung (z. B. die Vermietung) von diesen listenmäßig zusammengefassten Daten und deren Nutzung für Werbung Dritter ist zulässig, wenn dem Empfänger deutlich gemacht wird, dass er die ersterhebende Stelle war. Diese Information bzw. der Empfänger der Daten muss für die Dauer der Nutzung (mindestens zwei Jahre lang) gespeichert werden, damit auf Verlangen vom Übermittler oder vom Empfänger der Daten unentgeltlich Auskunft zu Herkunft bzw. Empfänger erteilt werden kann (§ 34 Abs. 1a BDSG).

Voraussetzung für eine werbliche Nutzung ist zudem, dass die Betroffenen schon bei der Erhebung der Daten auf die Nutzung für Werbezwecke ggf. durch Weitergabe an Dritte und die Möglichkeit hingewiesen werden, dass sie einer weiteren Verwendung ihrer Daten für Werbezwecke jederzeit für die Zukunft widersprechen können.

Die Daten können aus den vorbereiteten oder abgeschlossenen Geschäften stammen oder aber eben auch angemietet worden sein oder aus allgemein zugänglichen Verzeichnissen stammen (z. B. Branchenverzeichnisse, nicht aber ein Impressum im Internet). Im B2B-Bereich darf berufsbezogene Werbung (§ 28 Abs. 3 S. 2 Nr. 2 BDSG) an die berufliche Anschrift, also an die Geschäftsadresse per Post gerichtet werden. Dabei dürften auch die Namen der Ansprechpartner im Unternehmen (z. B. der Leiter des Einkaufs) genutzt werden. Sonderregelungen existieren auch für Spendenwerbung.

4.2   E-Mail-Werbung

Bei dieser Art der Werbung stehen vor allem lauterkeitsrechtliche Vorgaben im Vordergrund. Nach § 7 Abs. 2 Nr. 3 ist eine unzumutbare Belästigung stets (also immer) anzunehmen, „bei einer Werbung unter Verwendung einer automatischen Anrufmaschine, eines Faxgerätes oder elektronischer Post, ohne dass eine vorherige ausdrückliche Einwilligung des Adressaten vorliegt…". Das Gesetz unterscheidet dabei nicht in B2C- oder B2B-Fälle, was häufig übersehen wird.

Zwar darf der Versandhändler nach § 7 Abs. 3 des Gesetzes gegen den unlauteren Wettbewerb Werbe-E-Mails an Käufer senden. Diese **„vergiftete Ausnahme"** gilt jedoch nur unter ganz engen Voraussetzungen, die nur selten alle erfüllt werden.

Insbesondere dürfen nur gleichartige Waren beworben werden. Da wäre nicht einmal ein Hinweis auf die Sonntagsöffnung einer Filiale in der Werbe-E-Mail legitimiert. Wird nicht nur ein ganz enger Waren- oder Dienstleistungsbereich mit wiederkehrendem Bedarf beworben, eignet sich die Ausnahme nicht mehr, es sei denn der Versender kann individuell die Inhalte steuern. Auch die sonstigen Anforderungen, wie Selbsterhebung beim Betroffenen, abgeschlossenes Austauschgeschäft (Interessenten reichen nicht, Erhebung der E-Mail-Adressen aus Adressbüchern reicht nicht), Information über Widerspruchsmöglichkeit ohne besondere Kosten bei jeder Erhebung und jeder Verwendung können im Massen-E-Mail-Versand in den seltensten Fällen komplett nachgewiesen werden.

Auch Bewertungsaufforderungen und sonstige Zufriedenheitsanfragen oder Mails nach Kaufabbruch werden als Bemühen um den nächsten Kauf und damit als Werbung eingestuft. Wie eng die Rechtsprechung dies sieht, zeigt das Urteil des BGH zu automatischen Antwort-E-Mails (BGH, Urteil v. 15.12.2015 – Az.: VI ZR 134/15). In einer automatischen Eingangsnachricht einer Versicherung, die diese für E-Mail-Einsendungen vorsah, waren Unwetterwarnungen per SMS und eine Wetter-App im Bereich nach der Signatur beworben. Das war für die Richter unerlaubte E-Mail-Werbung. Damit bleibt bei der E-Mail-Werbung nur der Weg der Einwilligung. Die Voraussetzungen für eine wirksame Einwilligung sind oben bereits im Detail erläutert. Auch die ePrivacy-Verordnung sieht jedenfalls im Entwurf nahezu inhaltsgleiche Vorgaben zur E-Mail-Werbung vor.

4.3   Telefonwerbung

Eine werbliche Ansprache per Telefon ist ausdrücklich von der „vorherigen ausdrücklichen Einwilligung" des Verbrauchers abhängig. Im B2B-Bereich reicht die mutmaßliche Einwilligung des Angerufenen aus. Allerdings scheitern Unternehmen, die sich mangels Einwilligung auf diese Mutmaßung berufen, regelmäßig vor den Gerichten, da diese strenge Anforderungen an das Vorliegen eines Interesses an einer Werbung gerade per Telefon im konkreten Fall stellen. Anzuraten ist diese Form des Marketings ohne eine Einwilligung letztlich nur bei bestehenden Kundenverhältnissen.

Ansonsten sind die Anforderungen der Rechtsprechung an die Einwilligungserklärung selbst und deren Beweisbarkeit ähnlich streng, wie bei der E-Mail-Werbeeinwilligung. Per Double-Opt-In soll ein Nachweis, dass der Telefonanschlussinhaber die Einwilligung erteilt hat, allerdings nicht möglich sein (BGH, Urt. v. 10.2.2011 – Az.: I ZR 164/09). Die ePrivacy-Verordnung wird hierzu wahrscheinlich neue Vorgaben machen. Die endgültige Fassung sollte beobachtet werden.

4.4   Nutzung von Mobilgeräten zur Werbung

Blickt man auf Mobilgeräte, dann gelten die o. g. Grundsätze natürlich auch hier. Allerdings tauchen zusätzliche Identifikatoren auf, die eine Zuordnung zur Person ermöglichen. Dazu gehören die IMEI

(International Mobile Equipment Identity) oder die UDID, also Unique Device ID (entspricht der Gerätenummer eines iOS-Gerätes). Solche eindeutigen Kennungen werden wie der Name einer Person behandelt. Sie sind nicht etwa nur Pseudonyme. Damit haben sie nichts in einer pseudonymisierten Profilbildung zu suchen, die auch hier unter den oben aufgeführten Rahmenbedingungen mit Hinweisen auf das Widerspruchsrecht des Betroffenen möglich sind. Die Widerspruchsmöglichkeiten sind meist technisch ausgestaltet (Schieberegler etc.) und müssen in Apps verständlich (Schritt-für-Schritt-Anleitung) erklärt werden. Aufgrund der Portabilität und den Möglichkeiten, die moderne Systeme bieten, fallen auch vermehrt Daten an, die bei eher stationären Geräten eine untergeordnete Rolle spielen, wie Standortdaten. Letztere unterliegen besonderen daten- und telekommunikationsrechtlichen Anforderungen und sollten im Zweifel nur mit Einwilligung verwendet werden. Das Gebot der Datensparsamkeit kommt hier besonders zum Tragen. Standortdaten dürfen nur in der Auflösung verwendet werden, die zwingend für den angestrebten Zweck notwendig ist. Statt Köln Domplatte kann daher z. B. in vielen Fällen auch Köln Innenstadt reichen. Das spielt auch für das Abtastintervall eine Rolle. Solche Daten sollten auch nicht an den App-Betreiber übermittelt werden, sondern allenfalls innerhalb der App verarbeitet und nach Nutzung nicht dauerhaft gespeichert werden. Bei der Nutzung von Apps gehört eine gesonderte Datenschutzerklärung für die App-Nutzung zum Pflichtprogramm. Aufgrund der geringen Abmessungen ist dabei besonders auf Lesbarkeit und Gliederung zu achten.

Zu den Apps und dem Datenaustausch stellen sich weitere besondere Sicherheitsanforderungen, deren Darlegung den Rahmen dieses Beitrags sprengt. Der bereits erwähnte Düsseldorfer Kreis veröffentlicht sehr instruktive Orientierungshilfen (vgl. zu den Veröffentlichungen allgemein die Seite des Bundesbeauftragten für Datenschutz und die Informationsfreiheit https://www.bfdi.bund.de/DE/Infothek/Entschliessungen/DuesseldorferKreis/functions/DKreis_table.html). Darunter befindet sich unter dem Datum des 16.06.2014 auch eine Veröffentlichung zu den Datenschutzanforderungen an App-Entwickler (siehe https://www.bfdi.bund.de/SharedDocs/Publikationen/Entschliessungssammlung/DuesseldorferKreis/OHApps.html?nn=5217016), der weitere Informationen entnommen werden können. Die ePrivacy-Verordnung sieht im

Entwurf zu diesem Themenbereich zahlreiche Neuerungen vor und betont das Geheimhaltungsinteresse des Nutzers.

5   Auskunftsrechte und Bußgelder

Nach § 13 Abs. 7 TMG hat der Diensteanbieter dem Nutzer nach Maßgabe von § 34 des Bundesdatenschutzgesetzes auf Verlangen Auskunft über die zu seiner Person oder zu seinem Pseudonym gespeicherten Daten zu erteilen. Neben den Daten kann der Betroffene Auskunft über die Verarbeitungszwecke, die Kategorien personenbezogener Daten, die verarbeitet werden und die Empfänger, die Daten im Rahmen der Weitergabe erhalten haben oder erhalten sollen, verlangen. Die Auskunft kann auf Verlangen des Nutzers auch elektronisch erteilt werden. Damit kann ein Betroffener beispielsweise unter Vorlage eines Cookies, mit dem er seine Betroffenheit glaubhaft macht, auch ohne Preisgabe seiner Identität eine Auskunft vom Anbieter beanspruchen, auch wenn das in der Praxis sehr selten vorkommt. Allerdings besteht kein Anspruch auf Auskunft, soweit mit Auskunftserteilung das Trennungsgebot verletzt würde. Will also jemand unter seiner Namensnennung Auskunft zu den zu seiner Person gespeicherten Nutzungsprofilen, kann die Auskunft verweigert werden. Der ab 2018 geltende Art. 15 der DS-GVO entspricht im Wesentlichen dem § 34 BDSG, erweitert aber den Auskunftsumfang noch auf die geplante Dauer der Speicherung und die Herkunft der Daten, wenn sie nicht beim Betroffenen erhoben wurden. Über diese Rechte muss dann informiert werden. Bislang erfolgte die Information über die Rechte zwar häufig, aber freiwillig. Wie bisher ist die Auskunft unentgeltlich zu erteilen. Ab 2018 muss die Auskunft auch unverzüglich, längstens aber innerhalb eines Monats erfolgen. Auf elektronischem Weg gestellte Auskunftsersuche müssen „nach Möglichkeit" auf dem gleichen Weg beantwortet werden (Art. 12 Abs. 3 DS-GVO). Das Recht auf Löschung von Daten (Recht auf Vergessen werden) wird erweitert. Wer Daten öffentlich gemacht hat, soll bei den Empfängern dafür sorgen, dass diese vom Löschungswunsch Kenntnis erlangen (Art. 17).

Datenschutzbehörden, etwa ein Landesdatenschutzbeauftragter, können nach Anhörung bei Verstößen empfindliche Bußgelder in einer Höhe bis zu 50.000 EUR, etwa bei Verstoß gegen das Trennungsgebot verhängen. In bestimmten Fällen kann das Bußgeld auf 300.000 EUR steigen.

Dieser ohnehin nicht unerhebliche Rahmen wird ab 2018 noch einmal verschärft. Nach der DS-GVO sind Bußgelder bis zu 20 Mio. EUR oder bis zu 4 % des gesamten weltweit erzielten Jahresumsatzes im vorangegangenen Geschäftsjahr möglich; je nachdem, welcher Wert der höhere ist. Zudem kann der Gewinn abgeschöpft werden, der durch den Verstoß ermöglicht wurde.

6   Fazit

Personalisierungsformen sind so vielfältig, wie die Medien, die als Grundlage die Datenerhebung und die Nutzung ermöglichen. Entsprechend komplex sind die Rechtsrahmenbedingungen, die hierbei beachtet werden müssen. Die Kenntnis der Grundlagen hilft bei der Einschätzung des Aufwandes und des Beratungsbedarfs. Sie hilft bei der ersten Konzeption der angestrebten Kommunikation. Sie kann allerdings eine detaillierte rechtliche Beratung letztlich nicht ersetzen. Am Ende bedarf es der Unterstützung von Experten, damit alle Anforderungen zu den konkreten Maßnahmen eingehalten werden.

Über den Autor

Rechtsanwalt Rolf Becker ist seit mehr als 25 Jahren in der Beratung des Distanzhandels tätig und Autor von Büchern und zahlreichen Beiträgen zu Rechtsproblemen in diesen Bereichen. Er ist Partner bei Wienke & Becker –Köln[*], einer Rechtsanwaltssozietät mit einem Schwerpunkt in der vertrags- und werberechtlichen Beratung des Handels. Die Beratung bei der rechtssicheren Gestaltung von E-Commerce-Auftritten, insbesondere die Erfüllung von Compliance – Anforderungen im Rahmen von datenschutzrechtlichen Vorgaben bei der Direktkommunikation, die rechtliche Begleitung von Internet-Marktplätzen und die Beratung der Werbemaßnahmen von bekannten E-Commerce-Playern ist Gegenstand der täglichen Arbeit des Autors.

Ermittlung und Selektion einer Personalisierungslösung im Handel

Jan Lippert

Zusammenfassung Die Suche nach der passenden Personalisierungslösung ist für Händler von enormer Bedeutung, aber keine leichte Angelegenheit: Es gibt am Markt zahlreiche Anbieter für Personalisierungslösungen. Dabei sind die Facetten der unterschiedlichen Softwarelösungen äußerst vielfältig. Häufige Fehlerquellen auf der Seite der Händler liegen, noch bevor die Anbieter auch nur überhaupt auf den Plan treten, in einem unstrukturierten Selektionsprozess sowie einem nur vermeintlich guten Anforderungskatalog.

Inhaltsverzeichnis

J. Lippert (✉)
prudsys AG, Chemnitz, Deutschland
E-Mail: lippert@prudsys.com

© Springer Fachmedien Wiesbaden GmbH 2017   **127**
E. Stüber und K. Hudetz (Hrsg.), *Praxis der Personalisierung im Handel*,
DOI 10.1007/978-3-658-16244-3_6

1   Einleitung

Der nachfolgende Beitrag soll eine Arbeitsanleitung und -hilfe sein, sich selbst klare und zielführende Richtlinien bei der Selektion aufzustellen und danach zu handeln, damit die optimale Entscheidung für den richtigen, passenden Anbieter getroffen werden kann. Diese klare Struktur hilft nicht nur den Händlern selbst in ihrem Entscheidungsfindungsprozess, sondern auch den Software-Dienstleistern, da diese wesentlich konkreter von Beginn an Machbarkeiten und Anforderungen bewerten können. Hinzu kommt, dass alles, was im Rahmen der Vorbereitungen der Selektion einer Personalisierungslösung an Analyse des Ist- sowie dem Denken zum Sollzustand sowie der Strukturierung des Weges dahin investiert wurde, einen immensen Mehrwert im Nachgang bietet und große Hilfe ist, um eine klare Roadmap auf allen Ebenen zu definieren.

2   Die Organisation

In den letzten Jahren war ein deutlicher Wechsel der Entscheidungsebenen zu beobachten. Wo noch vor drei bis fünf Jahren allein die jeweilige IT-Abteilung eines Unternehmens die Budgets für Personalisierung verantwortet hat, sind es heute in der Regel die Marketingentscheider, denen die Budgetverwaltung dieser Themen innewohnt. Hieraus ergibt sich allerdings in der Praxis eine sehr häufig anzutreffende Stolperfalle: Die IT wird – trotz allem Respekt vor der Wichtigkeit, die dem Marketing im Bereich der Personalisierung naturgemäß zukommt – als wertunterstützender Partner aus der Entscheidung genommen. Der Datenschutz wird kurzerhand vergessen, essenzielle Probleme sind vorprogrammiert. Doch es reicht nicht, wenn nur ein Fachbereich mit einer Lösung zufrieden ist. Dass das gesamte Team, bestehend auch aus den operativen Fachbereichen, von einer Lösung überzeugt ist, gilt als zentraler Erfolgsfaktor für ein

Personalisierungsprojekt innerhalb eines Handelsunternehmens. In Abhängigkeit der Größe des Unternehmens variiert die Zusammensetzung des Teams. In der Regel sollte ein Personalisierungs-Team folgende Ansprechpartner haben, die bei der Ausgestaltung der Ausschreibung involviert sind:

Entscheidungsebene

- **Geschäftsführer/Vorstand**
  Aufgabe: Definition des grundsätzlichen Unternehmensziels z. B. Erhöhung des Umsatzes um XY % bei Reduktion von Retouren. Persönliche Erwartungshaltung an das Projekt definieren, dies sollte sich auch in der Zielstellung wiederfinden.
- **E-Commerce-Leiter**
  Aufgabe: Koordination des Teams und Übertragung der Unternehmenszielstellung auf das gesamte Projekt. In der Regel hat die Person dieser Position auch die Leitung der Ausschreibung inne. Dieser E-Commerce-Leiter sollte einen Projektleiter aus dem operativen Fachbereich benennen, welcher mehr freie Ressourcen zur Verfügung hat, um die Ausschreibung adäquat zu betreuen. Gerne werden hier auch freie Berater beauftragt, die die Ausschreibung – zwingend – neutral begleiten.
- **Leiter für Personalisierung (unternehmensweit)**
  Aufgabe: Dies kann genau der beschriebene Projektleiter sein. Die Person hat die Aufgabe der Evaluierung und ist dauerhaft im Unternehmen für alle Personalisierungsebenen verantwortlich – auch und insbesondere kanalübergreifend. Sie hat Entscheidungsbefugnisse in allen Vertriebskanälen und bestimmt, wo und wie personalisiert wird.
  Dabei ist die Besonderheit des sehr umfassenden Profils zu beachten, denn die „Leitung für Personalisierung" muss fachlich sowohl Vertrieb als auch Marketing und IT beherrschen.

Anmerkung zur Rolle

Die unternehmensweite Leitung für Personalisierung war bislang in den meisten Unternehmen nicht als explizit zu definierende Rolle wahrgenommen, gewinnt aber mit steigendem Personalisierungsdruck zusehends an Bedeutung. Im Rahmen des hier vorliegenden Beitrages wird ausdrücklich zur Installierung dieser neuartigen Personalrolle für die Praxis geraten.

Fachbereichsebene

- **IT-Leitung**
  Aufgabe: Sollte bereits zu Projektbeginn eine Präferenz äußern bezüglich SaaS oder On-Premise-Lösung. Eine weitere operative Aufgabe im Selektionsprozess selbst ist die Bereitstellung von wichtigen KPIs für Skalierungsthemen (z. B. Sessions pro Tag). Ebenfalls sollte die Infrastruktur aufgezeigt werden, wo sich zum Schluss der Lösungsansatz eingliedern soll und welche Systeme zur Verfügung stehen.
- **CRM-Leitung**
  Aufgabe: Sollte Klarheit haben, was bereits heute im CRM verfügbar ist (wenn überhaupt vorhanden) und welche Informationen gegebenenfalls weiterverarbeitet werden können und sollten. Die Rolle CRM sollte auch sehr klar die Erwartungshaltung definieren, idealerweise auch nach Prioritäten.
- **Vertriebsleitung & Category-Management-Leitung**
  Aufgabe: In der Regel hat das Category Management die Verantwortung über die Flächen und Positionen, die vermarktet werden. Da dieser Prozess durch eine Personalisierungslösung automatisiert wird, sollte die Rolle keinesfalls vergessen werden. Sie definiert auf einer Metaebene, was der Kunde für eine Erwartungshaltung im Kontext des Produktes hat. Ich bringe gerne den Vergleich, wie würde ein guter Verkäufer in der Filiale den Kunden beraten.
- **E-Mail-Marketing**
  Aufgabe: Fachliche Anforderungen vom E-Mail-Marketing sollten ebenfalls in so ein Projekt einfließen. In der Regel beherrschen alle namhaften Tools das Thema E-Mail-Personalisierung und Automatisierung. Eine

Aufgliederung der Kampagnen aus dem E-Mail-Marketing ist nützlich, um zu verstehen, wo Anknüpfungspunkte für Personalisierungslösungen existieren.

- **Datenschutz**
Aufgabe: Stellt die nötigen Anforderungen an den Datenschutz bereit. Z. B. sollte spätestens zu Projektstart eine Auftragsdatenverarbeitungserklärung von dem externen Dienstleister unterschrieben werden. Geben Sie dem Dienstleister zu Beginn gleich die Anforderungen mit. An solchen Themen können Projekte vollständig scheitern, insbesondere wenn Sie einen cloudbasierten Ansatz umsetzen möchten.

- **Vertrieb (andere Kanäle)**
Aufgabe: Sofern andere Kanäle wie z. B. Filiale vorhanden sind, sollten unbedingt, wenn nicht über die zentrale Vertriebsleitung gegeben, auch die Mitarbeiter aus anderen Vertriebskanälen (zumindest per Interview) einbezogen werden. Hier sollten ebenfalls klar Zielstellung des Kanals und Möglichkeiten von digitalen Touchpoints einbezogen werden.

Es ist nicht notwendig, dass sich alle Teams zu jeder Zeit treffen oder immer alle gemeinsam diskutieren. Die Erfahrung hat gezeigt, dass hier zentral durch einen Projektverantwortlichen die Anforderungen und Wünsche zusammenzutragen und dann zu priorisieren sind. Wenn Sie das Team vollständig von Beginn an in den Prozess einbinden, ist die Basis für ein erfolgreiches Projekt gelegt. Sollten irgendwelche konkreten Einwände kommen z. B. auch vom Datenschutz, sollten so früh wie möglich die Einwände berücksichtigt und widerlegt werden, sonst scheitert die Akzeptanz im Unternehmen.

3   Unterlagen

3.1   Ablauf und Vorabinformationen

Neben der kurzen Unternehmensbeschreibung sollte die aktuelle, eigene Ausgangssituation erläutert werden. Es geht also um die Frage, was ist der Status quo und wo besteht der Bedarf und Handlungsdruck in

Ihrem Unternehmen. Es sollten IT-Mengengerüste aufgestellt werden (z. B. Anzahl der Produkte, Page Impressions usw.) und gegebenenfalls bereits kanalspezifische Informationen (z. B. Anzahl der versendeten Mailings). Beschreiben Sie klar den Auswahlprozess, indem Sie benennen, welche Kriterien Ihnen wichtig sind und wie die Bewertungslogik aussieht. In jedem Falle sollte in dem Dokument eine eindeutige und bindende Roadmap für die Ausschreibung selbst formuliert sein:
Beispiel:

1. Versand der Unterlagen (Datum)
2. Bereitstellung der Unterlagen (Datum)
3. Zusendung des beantworteten Fragenkataloges (Datum – Zeitraum in der Regel zwei Wochen)
4. Feedback und gegebenenfalls Einladung zur Präsentation (Datum)
5. Interne Abstimmung und Bewertung
6. Entscheidung für einen Anbieter
7. Projektbeginn

3.2   Anforderungskatalog an den externen Personalisierungsdienstleister

3.2.1 Informationen zum anbietenden Unternehmen

Neben reinen Unternehmensdaten empfiehlt sich hier auch die Angabe von Referenzen in einem ähnlichen Umfeld oder ähnlichen Projekten. Sollten Umsätze nicht angegeben werden oder keine Informationen im Bundesanzeiger verfügbar sein, fordern Sie die letzte Bilanz/GuV ein. Die Entscheidung für einen Personalisierungsanbieter ist in der Regel langfristig angelegt, demnach sollte auch die Wirtschaftlichkeit des Softwareanbieters nachgewiesen werden.

3.2.2 Technische Anforderungen, Anforderungen aus der IT

Sie sollten hier alle Anforderungen aus der IT mit einbringen (z. B. bevorzugte Hosting-Art), aber auch Fragestellungen zu Latenzzeiten sind wichtig. Es sollte auch immer das Thema Ausfallsicherheit sowohl On-Premise als auch in der Cloud vollständig geklärt werden. Wie sind die Rechenzentren verteilt, wie können die Systeme skalieren? Denken Sie dabei nicht nur an Szenarien in ein bis zwei Jahren. Klären Sie, welche Anforderungen Systeme möglicherweise auch in drei bis vier Jahren erfüllen müssen.

3.2.3 Fachliche Anforderungen für die Personalisierung

Die Frage ist: Gibt es überhaupt den Best-of-Breed-Ansatz, der gleichermaßen für alle Händler gilt? Hier lautet die klare Antwort: nein! Aber es lässt sich sehr gut messen und testen. Die fachlichen Anforderungen sollten sich immer am Kunden orientieren. Darum beantworten Sie sich folgende Fragen:

Was erwarten Ihre Kunden bzw. potenziellen Kunden von Ihnen? Gemeint ist hier die Frage nach dem Kundenbedarf. Ist es z. B. wichtig, als Versender von Kindermode den kompletten Lebenszyklus in der Personalisierung zu berücksichtigen oder sind die Kunden nicht viel mehr nach dem aktuellen Bedarf orientiert? Die Antwort auf diese Frage kann sehr verschieden ausfallen.

Was sind für Sie als Händler die größten Herausforderungen? Sind Ihre Mitarbeiter z. B. mit der Pflege von Zubehörrelationen unverhältnismäßig lange beschäftigt? Gibt es Abläufe, Tätigkeiten oder ähnliches, von denen Sie meinen, eine Maschine könnte diese viel besser oder treffender übernehmen?

Wie können Sie Ihre Kunden begeistern? Versetzen Sie sich in die Lage des Kunden, idealerweise nicht nur einen Onlinekäufer, sondern auch den Kunden eines stationären Geschäftes. Was würde ihn wirklich in einem Verkaufsgespräch begeistern? Wie sähe der Dialog dazu aus?

Ich empfehle aus eigener Erfahrung heraus jedem Unternehmen, welches eine Personalisierungslösung sucht und diese angepasst an die eigenen (Kunden-)Bedürfnisse einsetzen möchte, dieses Gedankenexperiment bei der Definition der Anforderungen minutiös durchzuspielen und im bereits in den einleitenden Kapiteln beschriebenen Personalisierungsteam zu diskutieren.

4   Best-Practice-Personalisierungsflächen im Shop

4.1   Startseite

Basierend auf Transaktions- und Verhaltensdaten des einzelnen sowie aller Nutzer sollten auf der Startseite persönliche Produkt-, Marken- sowie Kategorieempfehlungen mit besonders hoher persönlicher Relevanz angezeigt werden. Klare Zielvorgaben aus der Unternehmensleitung (z. B. Umsatzmaximierung) sollten dabei berücksichtigt werden.

Die Abb. 1 zeigt eine dynamische Startseite.

Benefits, die sich aus einer dynamischen personalisierten Startseite ergeben, sind auf quantitativer Ebene der Anstieg von Klickrate und Verweilrate, wie auch der Anstieg der Conversion Rate. Qualitativ gesehen gewinnt jeder Shop an Aktualität – bei erheblich reduziertem

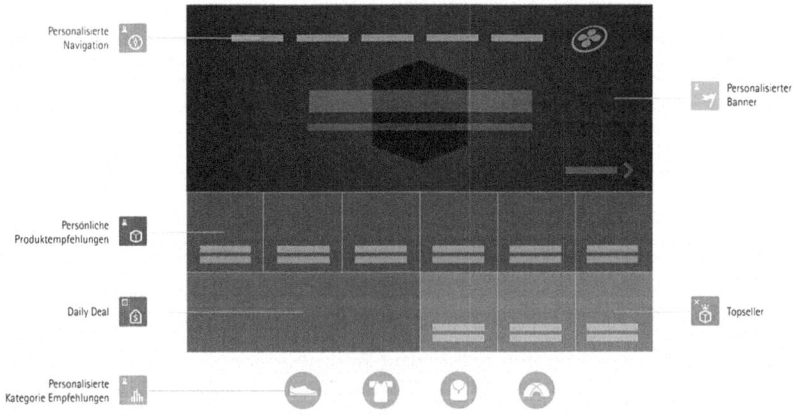

Abb. 1   Startseiten Personalisierung. (Quelle: Frank Nathan, prudsys AG)

Pflegeaufwand (Aufwand besteht in der Regel nur durch bewusstes Nachsteuern z. B. Abverkaufsprodukte pushen). Spannend für den Multichannel-Händler wird es dann, wenn online auch Filialbestände einbezogen werden und eine Wiedererkennung des Nutzers gegeben ist.

Die Berechnungsbasis lautet in der Regel: Alle aktuellen Interessen (Klicks auf Produkte, Kategorien, Marken, Banner und gegebenenfalls Content) sollten immer in Echtzeit verarbeitet werden. Ebenso wichtig ist die Nutzerhistorie (konkrete Warenkörbe und Käufe aus der Vergangenheit und vergangene Klicks).

4.2   Produktdetailseite

Die Produktdetailseite ist der Klassiker für Recommendation-Platzierungen und Vorreiter für das Thema personalisierte Empfehlungen.

Auf Artikelbasis sollten auf der Produktdetailseite automatisch und in Echtzeit Cross- und Up-Selling-Artikel berechnet und angezeigt werden. Cross-Selling meint in der Regel den Verkauf eines Mitnahmeartikels mit vergleichsweise geringem Preis oder einen oft zusammen gekauften Artikel. Up-Selling-Artikel sind meist sehr ähnliche Artikel mit höherem Preis. Dies sind die Stellen, an denen unbedingt personalisierte Empfehlungen, das heißt Empfehlungen, bei denen nicht nur die Produktbasis ausschlaggebend ist, sondern auch das Verhalten und Interesse des Nutzers, ausgesprochen werden. Schließlich schaut sich der Verkäufer in der Filiale auch nicht einfach nur das Produkt an, sondern viel mehr, was zum jeweiligen Kundenbedarf passt.

Auf diese Weise lässt sich das komplette Produktportfolio einbeziehen – voll automatisiert ohne manuelle Eingriffe. Für die Kunden ergibt sich ein wesentlich geführterer Verkaufsprozess als mit reinen händisch gepflegten Produktempfehlungen. Das individuelle Einkaufserlebnis wird dadurch gesteigert.

Als Berechnungsbasis dienen bestmöglich alle Bewegungsdaten zu dem Produkt selbst, das heißt alle Klicks, die zu dem Artikel selbst führten und deren Klickpfade. Weiter die Abbildung nutzerindividueller Klickstrecken, also wofür hat sich mein Gegenüber ebenfalls interessiert.

4.3   Warenkorb-Layer & Warenkorb

Bei Nutzung eines Warenkorb-Layers sollte diese Fläche nie ungenutzt bleiben. Denn genau an diesem Punkt hat sich der Kunde bereits entschieden, etwas in seinen Warenkorb hinzuzufügen, damit also dem Kauf näherzukommen. Der Bereich bietet sich ideal an, um dem Kunden weiterführende Produktvorschläge zu unterbreiten und das Cross-Selling-Potenzial auszuschöpfen. Hier sollten, sofern möglich, Empfehlungen aus niedrigpreisigen Bereichen angezeigt werden, um einen Mehrverkauf zu generieren, den Kunden jedoch nicht vom eigentlich gewählten Produkt abzubringen oder gar zu weit weg vom eigentlichen Kaufgeschehen zu lenken.

Im Fashionsegment gilt hier eine Ausnahme: Im Warenkorb-Layer dürfen durchaus Alternativen angezeigt werden, die dem eigentlichen Produkt ähneln, da in der Regel immer eine größere Auswahl an gleichartigen Produkten bestellt wird. Wenn vorhanden, könnten hier Retouren-Häufigkeiten berücksichtigt werden.

Eine leicht zu umgehende Stolperfalle und ein leider noch immer viel zu häufig gemachter Fehler ist die identische Anzeige (meist aufgrund mangelnder manuell gepflegter Produkte oder schlechter IT-Systeme) der Empfehlungen von der Produktdetailseite.

Für den Warenkorb selbst gelten analog die Regeln zum Warenkorb-Layer, wobei hier in jedem Fall ein Test stattfinden sollte. Zudem gibt es eine statistisch belegte Abhängigkeit bezüglich der Artikelanzahl im Warenkorb. Als Faustformel gilt: Ist die durchschnittliche Anzahl der zu verkaufenden Artikel >3, dann funktionieren Empfehlungen in der Regel. Zurzeit geht der Trend jedoch eher zur Vermeidung von Empfehlungen im Warenkorb selbst, da sie unter Umständen ablenkend wirken können.

In Summe sind dies zwei mögliche Bereiche für das Ausschöpfen der vorhandenen Cross-Selling-Potenziale. In der Regel ist der Einsatz von personalisierten Empfehlungen im Warenkorb und Warenkorb-Layer mit einem nachweisbaren Umsatzanstieg verbunden. Gleichwohl wird die intuitive Navigation des Nutzers verbessert und somit auch eine konkrete UX-Verbesserung erreicht.

In die Empfehlungsberechnung können dabei verschiedene Parameter einbezogen werden. Als Grundlage für die Berechnung gilt sowohl der konkret letzte Artikel des Warenkorbs, als auch alle bisher hineingelegten Artikel, wobei der erste dominiert. Persönliche Präferenzen, insbesondere die Aktionen innerhalb der Session, können an dieser Stelle ebenfalls einbezogen werden.

4.4 Kategorie und Artikelübersichts-Seiten

Ein Seitenbereich, der auch äußerst populär für Empfehlungen ist, sind Kategorie- und Artikelübersichtsseiten. Gerade in den ersten Kategorieebenen ist dieser Empfehlungstyp sehr wirkungsvoll. Dabei gibt es zwei wesentliche Empfehlungsarten.

Zum einen kann die komplette Kategorie in Echtzeit durchsortiert werden, sowohl nach persönlicher als auch allgemeiner Relevanz. Tatsächlich zeigt die Praxis, dass die Händler eher gewillt sind, eine allgemeingültige Relevanz in der Sortierung zu verwenden, um dem Kunden auch innerhalb der Session eine klare, einheitliche Sortierung darzustellen. Hier werden allgemeine, sich täglich ändernde Interessen aller Nutzer eingefangen. Damit erhält man ein sehr schnelles Bild der Präferenz. So können sich z. B. schon Wetterereignisse in der Sortierung widerspiegeln. Die persönliche Sortierung stellt für viele Händler noch Neuland dar und wird von ihnen häufig kritisch gesehen, da dort jeder Klick und jede Transaktion die Sortierung sofort ändert.

Eine weitere Variante besteht darin, die Sortierung nach allgemeiner Relevanz vorzunehmen und nur die ersten, obersten Produkte nach persönlicher Relevanz zu sortieren. So enthält die erste Seite kombiniert persönliche Empfehlungen und eine Sortierung nach allgemeiner Relevanz.

4.5 Merkzettel & Wunschliste

Dieser Bereich wird aus unerklärlichen Gründen auffällig oft als Empfehlungsfläche vernachlässigt. Begründungen, die einem in der Praxis begegnen, lauten: Der Merkzettel wird ohnehin nicht genutzt.

Oder auch: Der Warenkorb ist der Merkzettel. Alles Argumente, die man durchaus respektieren kann. In meinen Augen liegt es aber ganz klar am fehlenden Nutzwert für den Endkonsumenten. Einfach eine Liste zu haben, in der sich der Kunde seine Produkte gelistet merken kann, reicht nicht aus. Statt den Merkzettel und die Wunschliste als uninteressantes, rudimentäres Element des Onlineshops zu betrachten, sollte man sich lieber fragen, wie dem Kunden durch Merkzettel und Wunschliste ein Mehrwert generiert werden kann. Denn diese Position eignet sich in der Tat bestens für die Inspiration des Kunden durch ganz persönliche Empfehlungen.

Im Merkzettel und auf der Wunschliste sollten unbedingt Faktoren aus dem Bereich Kundenwert berücksichtigt werden (z. B. durchschnittlicher Warenkorbwert). Da der Kunde seine Interessen und Vorlieben in diesen Listen quasi auf dem Silbertablett serviert, können diese Interessen und daraus generierte Produktvorschläge auch zielgerichtet für weiterführende E-Mail-Kampagnen automatisiert einbezogen werden.

Basierend auf diesen Empfehlungen können persönliche Empfehlungen den Kunden optimal durch seine Customer Journey führen und den Einkaufs- und Suchprozess erleichtern. Zur Berechnung dienen die Artikel selbst mit ihren Attributen sowie die gegenwärtigen Kundeninteraktionen. Aus dem Merkzettel oder der Wunschliste wird somit eine Inspirationsseite, die zum Kaufen anregt.

5   Omnichannel-Personalisierung

5.1   Überblick

Eine Personalisierungslösung sollte in jedem Fall in allen Kundeninteraktionskanälen abbildbar sein. Das schließt nicht nur das Lernen ein, z. B. übergreifend über eine Kundenkarte, sondern auch die Anzeige von Empfehlungen. Dies ist nicht nur auf Onlinekanäle limitiert, sondern erstreckt sich bis in den Offlinebereich, wie beispielsweise Print. Diese Wissensbasis muss zwingend zusammengeführt werden. Es

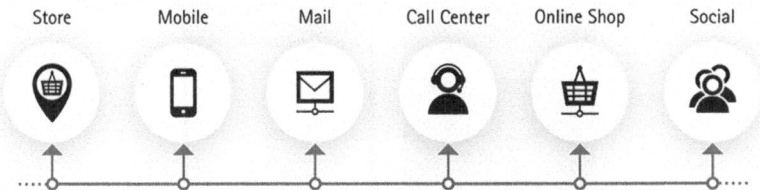

Abb. 2 Personalisierung in allen Kanälen. (Quelle: Frank Nathan, prudsys AG)

sollte auch an Kanäle gedacht werden, die heute vielleicht produktiv noch keine Rolle spielen. Sprachanwendungen wie Siri von Apple sind denkbar, um möglicherweise in Zukunft Produkte auf Wunschlisten setzen zu können und darauf basierend weitere Empfehlungen über andere Kanäle zu erhalten. Daher bietet sich eine offene Schnittstelle, die nicht zwingend auf Plug-ins angewiesen ist, an.

Abb. 2 zeigt eine Übersicht über die wichtigsten Kanäle, auf denen gelernt und über die auch ausgespielt werden sollte.

Neben den bereits beschriebenen Anwendungsfeldern im Onlineshop wird im nächsten Absatz das Thema personalisierter Mailings kurz umrissen.

5.2   Mobile Webseite

Sollte der Onlineshop nicht ohnehin einfach nur den Inhalt der Webseite responsive darstellen, empfehlen sich mobil differenzierte Empfehlungsstrategien. In jedem Fall lautet die Empfehlung, durchgehend die Personalisierung zu verwenden. Dies gilt auch für Produktdetailseiten, auf denen die Händler noch immer mit Vorliebe produktorientiert empfehlen. Die drei wichtigsten Regeln der Personalisierung gelten hier im Besonderen: Relevanz, Relevanz und Relevanz.

Zwei Beispiele für die Anwendung im mobilen Umfeld (Abb. 3):

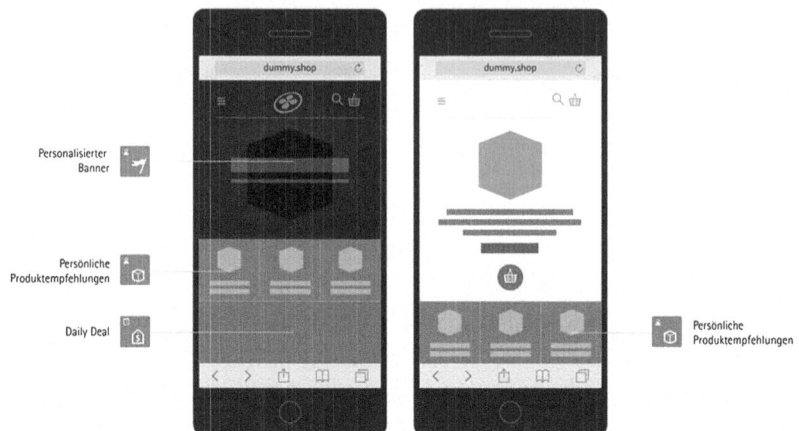

Abb. 3 Übersicht Mobil. (Quelle: Frank Nathan, prudsys AG)

5.3 Mailing

Bewusst wird das Wort Mailing verwendet, um nicht nur (aber auch) über Newsletter zu sprechen. Jede E-Mail, die ein Händler automatisiert generiert, ist aus der Sicht eines Verkäufers die Chance etwas zu verkaufen. Das klingt eigentlich selbstverständlich, wird aber von fast keinem Händler so gelebt. Im Wesentlichen geht es immer darum, einen Bezug zum eigentlichen Inhalt zu schaffen. Z. B. ist eine Retouren-Eingangsbestätigung von der Sache her eine Mail, die ungern versendet wird. Wenn allerdings diese E-Mail an alle Kunden versendet werden kann und mit über einem Prozent konvertiert, würden viele Händler sicherlich diesen Umsatzbonus gerne mitnehmen. Tatsächlich lassen sich in der Praxis unzählige Mails finden, wo Berechnungen auf den Inhalt sehr gut möglich sind. Dabei denke ich schon an die Willkommensbestätigung nach erfolgreichem Double Opt-in. In der Regel bedanken sich nur die Händler oder geben einfach irgendeinen Rabatt, der nicht gewollt ist. Dabei weiß ich schon sehr viel über meinen Kunden.

Anbei eine Auflistung von E-Mail-Formaten, die man in der Personalisierung nicht vergessen sollte, neben den klassischen Newsletter-Formaten:

- Willkommensbestätigung
- Alert Mails
- Bestellbestätigung
- Reaktivierungskampagnen
- Warenkorbabbruch
- Bewertungsmails

Diesem Abschnitt könnte alleine einen Fachbeitrag in so einem Buch gewidmet werden. Wichtig ist an der Stelle noch mal, dass alle und damit meinen wir wirklich alle, Vertriebskanäle bedacht werden sollten.

6   Zusammenfassung & Ausblick

Personalisierung und die dahinterliegenden Algorithmen sind ein riesiges Thema. Man erkennt auch schnell, dass die Anforderungen äußerst vielfältig sind und aus den unterschiedlichsten Fachbereichen entstehen. Umso wichtiger ist es als Händler, diese Bereiche zu involvieren und der Personalisierung im Unternehmen einen Stellenwert einzuräumen. Eine klare Roadmap sowohl in der Ausschreibung als auch danach hilft hierbei. Neben den ausführlich dargestellten Ansatzpunkten im Shop sollten Anforderungen aus der IT einbezogen werden, damit eine unternehmensweite Skalierung möglich ist. Auf der fachlichen Ebene sollten nicht nur bekannte Best-of-Breed-Ansätze gewählt werden. Viel wichtiger ist es, sich in den Kunden hineinzuversetzen und für sich selbst die passende Lösung zu evaluieren. Nicht zuletzt sollten nicht nur der E-Commerce selbst mit seinen Touchpoints berücksichtigt werden, sondern alle Vertriebskanäle.

In Zukunft wird sich das Thema Personalisierung auf andere Anwendungsgebiete übertragen. Themen, die sich heute bereits abzeichnen, sind z. B. die vollautomatisierte möglicherweise personalisierte Preisgestaltung. Dies ist z. B. in Form von dynamischen Coupons heute schon möglich. Erste Projekte sehen vielversprechend in Bezug auf die Akzeptanz beim Kunden und die Wirkung beim Händler aus.

Wichtig, und das ist wirklich kanalübergreifend und applikationsunabhängig zu sagen, ist die Relevanz. Das Wort Relevanz kann gar nicht oft genug wiederholt werden. Das ist gleichzeitig ein Ausblick, aber genauso ein Blick in die Vergangenheit. Ohne Relevanz geht nichts aufgrund der vielen Daten und Kanäle, die ich als Händler beliefern muss. Im Bereich der Algorithmen werden wir bei allen Lösungsanbietern eine Beschleunigung feststellen. Alle Systeme, die noch in Batchprozessen oder auf älteren Daten rechnen, werden sich langfristig nicht durchsetzen können. Es wird insbesondere im Bereich der Kanäle noch einiges dazukommen, das ist absolut sicher. Ein Beispiel war das Thema Sprachpersonalisierung.

Egal, wie und für wen sich ein Händler beim Auswahlprozess entscheidet – eine klare Struktur ist wie in jedem größeren Projekt von zentraler Bedeutung. Und nicht zuletzt ein gutes Gefühl, dass der Partner auf der anderen Seite Sie und vor allem Ihre Kunden versteht.

Über den Autor

Jan Lippert Seit 2002 ist der Autor im E-Commerce tätig in verschiedensten Rollen. Mit 16 Jahren gehört er zu Deutschlands jüngsten Händlern auf eBay mit PowerSeller Silber Status. Im Jahr 2008 lernte Jan Lippert die prudsys AG kennen und arbeitet an neuartigen Dynamic-Pricing-Verfahren, die heute noch im Handel im Einsatz sind. Heute berät er als Head of Professional Service der prudsys AG zahlreiche namhafte Händler im E-Commerce zum idealen Einsatz von Personalisierungs- und Dynamic-Pricing-Lösungen.

Personalisierung über alle digitalen Touchpoints – Vorgehensmodell am Beispiel otto.de

Olaf Schlüter und Alexander Will

Zusammenfassung Die Personalisierungsfähigkeit über alle miteinander verzahnten Touchpoints hinweg ist ein entscheidender Erfolgsfaktor im elektronischen Handel und wird dies auch in Zukunft sein. Die aktuelle Entwicklung digitaler Endgeräte, insbesondere die immer schnellere Marktdurchdringung neuer Geräteklassen, führt zu einer sehr hohen Änderungsdynamik in Bezug auf Online-Nutzungsszenarien. Insgesamt wird es dabei immer wichtiger, Besuchern individuell möglichst relevante Inhalte auszuspielen. In diesem Beitrag skizzieren wir, wie wir uns im Umfeld von otto.de dem Thema Personalisierung widmen, wie wir die strategische Relevanz einschätzen und mit welchem Vorgehensmodell wir in der Umsetzung von Personalisierungsfragestellungen arbeiten.

O. Schlüter (✉) · A. Will
Otto GmbH & Co KG, Hamburg, Deutschland
E-Mail: olaf.schlueter@otto.de

A. Will
E-Mail: alexander.will@otto.de

© Springer Fachmedien Wiesbaden GmbH 2017
E. Stüber und K. Hudetz (Hrsg.), *Praxis der Personalisierung im Handel*,
DOI 10.1007/978-3-658-16244-3_7

Inhaltsverzeichnis

1   Über OTTO

Früher stand der OTTO-Katalog im Mittelpunkt, wenn es darum ging, die Familie einzukleiden oder trendige Lifestyle-Produkte und die neueste Technik ins Haus zu holen. Heute ist es der vielfach prämierte Onlineshop otto.de, der unseren Kunden den Zugang zu einer riesigen Auswahl an Marken, Sortimenten und Styles verschafft.

Als Teil der Otto Group ist OTTO eines der erfolgreichsten E-Commerce-Unternehmen und in Deutschland der größte Onlinehändler für Fashion und Lifestyle mit dem Endverbraucher. Rund 90 % des Gesamtumsatzes erwirtschaften wir über otto.de und weitere Online-Spezialshops. Im Geschäftsjahr 2015/2016 hat OTTO einen Jahresumsatz in Höhe von 2,561 Mrd. EUR erzielt – und das mit 4350 Mitarbeitern.

Das Herz der Entwicklung von otto.de liegt im E-Commerce-Bereich mit ca. 300 hoch qualifizierten Kollegen & Kolleginnen, die mit viel Leidenschaft den Betrieb und die Weiterentwicklung der OTTO E-Commerce-Plattform vorantreiben.

2   Die Personalisierungsfähigkeit eines Onlineshops ist ein wichtiger Erfolgsfaktor

Wir sind davon überzeugt, dass die Personalisierungsfähigkeit eines Onlineshops ein Hilfsmittel ist, um eine Erhöhung der individuellen Relevanz ausgespielter Inhalte zu erreichen: Wenn wir bei jedem Kontakt mit unserer E-Commerce-Plattform möglichst relevante Inhalte präsentieren, erhöhen wir die Wahrscheinlichkeit, den Besucher mit diesen Inhalten auch wirklich zu erreichen.

Den Bedarf dafür leiten wir über Entwicklungen in den drei Dimensionen Zeit, Fläche und Nähe her, die sich in den letzten Jahren im E-Commerce-Markt eingestellt haben und maßgeblich auf die Verbreitung mobiler Endgeräte und den damit zusammenhängenden Veränderungen von Nutzungsszenarien zurückzuführen sind (Abb. 1).

Zeit: Der Kampf um Aufmerksamkeit
Mit der zunehmenden Digitalisierung der Gesellschaft spitzt sich der Wettbewerb um die Aufmerksamkeit des einzelnen Konsumenten immer weiter zu. Konsumenten sind heute mit einer immer größer werdenden Vielfalt digitaler Angebote, Kanäle und Endgeräte konfrontiert. Sie verbringen immer mehr ihrer Zeit mit der Nutzung digitaler Endgeräte und mit dem Konsum digitaler Dienste. Die zur Verfügung gestellte Aufmerksamkeit verteilt sich dabei auf immer mehr Kanäle. Für Anbieter von Inhalten bedeutet dies, dass die Zeit, die zum Überzeugen des Einzelnen mit den eigenen Botschaften immer kürzer

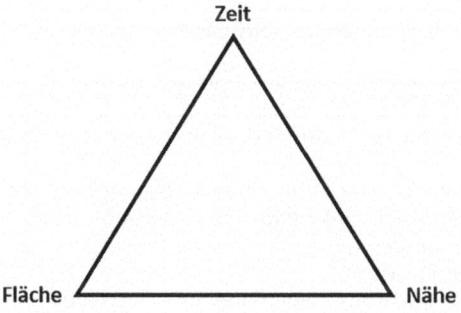

Abb. 1 Dimensionen von Relevanztreibern. (Quelle: Eigene Darstellung)

wird. Davenport und Beck (2001) beschreiben diese Entwicklung als Attention Economy. Mittlerweile ist sie mehr als nur ein qualitativ beschriebener gesellschaftlicher Trend: Sie lässt sich auch empirisch beobachten (s. Tab. 1).

Fläche: Das Schrumpfen der Screens

Die Marktdurchdringung von Smartphones der letzten Jahre hat dazu geführt, dass sich auch immer mehr Anwendungsfälle von Desktop-Computern bzw. Notebooks darauf verlagern. Vom Lesen von Nachrichten über das Onlinebanking bis zum Onlineshopping. Die Auseinandersetzung mit dem Zusammenschrumpfen der verfügbaren Screen-Größe muss also anwendungsfallübergreifend erfolgen. Im Vergleich mit einem 15,4"-Notebook-Bildschirm, verfügt ein iPhone 6-Display beispielsweise über nur ca. zehn Prozent der Fläche. Die potenziell darstellbaren Inhalte konkurrieren also um immer weniger zur Verfügung stehende Fläche.

Nähe: Der Einzug von Endgeräten in den persönlichen Raum

Die Device-Entwicklung schreitet weiter voran und dringt mit der Geräteklasse der Wearables immer weiter in den persönlichen Raum der Nutzer ein. Dies lässt sich derzeit insbesondere im Umfeld von Smartwatches beobachten. Bereits Smartphones befinden sich in der Regel dauerhaft in unmittelbarer Nähe des Besitzers – Smartwatches sogar dauerhaft direkt am Körper. Die zur Verfügung stehenden Bildschirmflächen werden in dieser Geräteklasse sogar noch einmal

Tab. 1 Entwicklung der Aufmerksamkeitsspannen von 2000 bis 2015. (Statisticsbrain 2016)

Aufmerksamkeitsspannen	Werte
Durchschnittliche menschliche Aufmerksamkeitsspanne im Jahr 2015	8,25 s
Durchschnittliche menschliche Aufmerksamkeitsspanne im Jahr 2000	12 s
Durchschnittliche Aufmerksamkeitsspanne eines Goldfisches	9 s
Durchschnittliche Häufigkeit, mit der ein Büroangestellter den E-Mail-Posteingang prüft	30 Mal/h
Durchschnittliche Betrachtungsdauer eines Internetvideos	2,7 min

drastisch kleiner. Da diese Geräte in noch direkterem (bis hin zu einem unmittelbaren körperlichen) Kontakt mit ihren Besitzern stehen, gehen wir davon aus, dass auch die Erwartungshaltung an die darüber transportierten Inhalte eine persönlichere wird. Oder andersherum formuliert, dass die Toleranz für persönlich nicht relevante Inhalte auf einem derart persönlichen Endgerät abnimmt.

Im Zusammenspiel mit den knapper werdenden (Aufmerksamkeits-) Zeitfenstern, den kleiner werdenden Screens und der abnehmenden Toleranz für irrelevante Inhalte stellt insbesondere im Onlinehandel die Größe des angebotenen Sortiments einen weiteren wichtigen Faktor dar, der den Bedarf an Personalisierungsmechanismen unterstreicht. Verfolgt ein Händler eine Long-Tail-Strategie (Anderson 2006), wird das angebotene Sortiment tendenziell sehr groß werden. Große Händler bieten in der Regel mehrere Millionen SKU[1] über ihre Onlineshops an. Mechanismen zur Personalisierung helfen an dieser Stelle dabei, den Besucher nicht in einer Flut von Optionen untergehen zu lassen, sondern den Fokus möglichst schnell auf für ihn/sie relevante Produkte zu richten.

3   Das OTTO-Vorgehensmodell: Der Personalisierungs-Kreislauf

3.1   Überblick

Unsere Bemühungen, die Personalisierungsfähigkeiten der OTTO-E-Commerce-Plattform stetig zu verbessern, folgen einem eigenen Vorgehensmodell: dem Personalisierungs-Kreislauf. Dabei handelt es sich um einen sich selbst verstärkenden Prozess, der seinen Ausgangspunkt bei den für Personalisierungsmaßnahmen verwendbaren Daten hat.

---

[1]Stock Keeping Unit (Bestandseinheit/Artikelnummer).

3.2   Daten

Daten bilden die Basis für sämtliche Personalisierungsmaßnahmen (Abb. 2). Der zugrunde liegende Datenbestand umfasst idealerweise so viele Aspekte wie möglich: einerseits Verhaltensdaten wie Klickpfade, sowie Informationen über den Nutzerkontext (welches Device wird genutzt, von welchem Ort wird eine Seite aufgerufen etc.). Andererseits sind Stammdaten, wie beispielsweise Informationen über historische Käufe und getätigte Retouren, relevant. Beide Datenquellen sind aus Gründen des Datenschutzes streng voneinander getrennt zu handhaben.

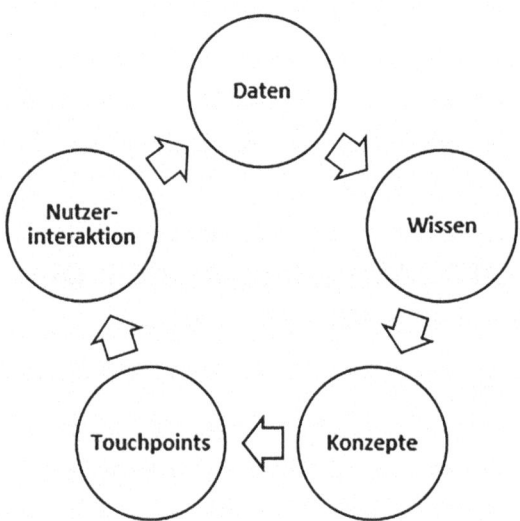

Abb. 2   Personalisierungs-Kreislauf. (Quelle: Eigene Darstellung)

3.3   Wissen

Die Transformation von Daten zu handlungsrelevantem Wissen ist eine essenzielle Wertschöpfung, die für erfolgreiche Personalisierungsmaßnahmen erbracht werden muss. Dabei geht es insbesondere darum, alle verfügbaren Datenpunkte zu verdichten und modellgetrieben neue Erkenntnisse daraus zu generieren. Aus vorliegenden (manifesten) Indikatoren sollen latente Faktoren wie Nutzerbedürfnisse und -motivationen abgeleitet werden. Die inhaltliche Basis dafür bilden Methoden aus dem BI- bzw. Data-Science-Umfeld. Technologisch besteht die Herausforderung vor allem im Beherrschen von Big-Data-Technologien in Verbindung mit Anforderungen an Systemantworten in Echtzeit.

3.4   Konzepte

Auf der Basis von Erkenntnissen über Ursache-Wirkungs-Zusammenhänge können neue (vertriebliche) Konzepte entwickelt bzw. die bestehenden Konzepte kontinuierlich weiterentwickelt werden. Dabei besteht der explizite Anspruch einer ganzheitlichen Betrachtung sämtlicher Interaktionen von Besuchern mit den verschiedenen OTTO-Touchpoints unter Berücksichtigung des gesamten Leistungsportfolios von OTTO.

3.5   Touchpoints

OTTO versteht sich als Multichannel-Händler, der seine Kunden an Offline- und Online-Touchpoints erreichen will. Neben den typischen Online-Touchpoints wie unserem (responsiven) Onlineshop, der OTTO-App für iOS und Android, den gängigen Social-Media-Kanälen und E-Mail umfasst dieser Anspruch auch den Printbereich sowie den telefonischen Kundenkontakt. Nur eine enge Verzahnung und die Möglichkeit der Individualisierung der Touchpoints ermöglicht die Optimierung der individuellen Relevanz ausgespielter Inhalte.

3.6   Nutzerinteraktionen

Oberstes Ziel aller (vertrieblicher) Konzepte ist, die Interaktion mit dem Nutzer zu forcieren. Eine Interaktion muss nicht zwangsläufig in einen Kauf münden. Die Annahme, dass jede einzelne Session in einem Onlineshop auch direkt zum Kaufabschluss führen muss, ist antiquiert. Das Konzept der Customer Journey (Holland und Flocke 2014) adressiert, dass ein Besucher mit verschiedenen Touchpoints interagiert und dabei Sessions bestimmter Typen durchläuft. Sessions bauen aufeinander auf und führen in der Regel erst über mehrere Schritte zum Kauf.

Natürlich ist der unmittelbare Kaufabschluss die wertvollste Interaktion, die ein Benutzer auslösen kann. Es gibt aber eine Reihe weiterer Interaktionen, die attraktiv sind, obwohl sie nur mittelbar zum Kauf führen bzw. teilweise auch gar nicht. In diesem Fall kann auch das Customer-Engagement ein durchaus attraktives Ziel sein. Die wiederkehrende Beschäftigung mit den (digitalen) Angeboten eines Anbieters durch einen Besucher stellt an sich einen Wert für den Anbieter dar, da eine wiederholte Auseinandersetzung mit der Marke erfolgt (Bowden 2009).

Shops, die eine Multi-Device- bzw. Responsive-Strategie verfolgen, beobachten üblicherweise, dass die Conversion Rate auf Desktop-Computern deutlich höher ist, als auf Smartphones. Das muss nicht direkt handlungsauslösend sein bzw. auf ein Problem hinweisen. Im Rahmen der Customer Journey werden Smartphones häufig im Rahmen von Stöber- und Kaufvorbereitungs-Sessions verwendet und der eigentliche Kauf wird dann lediglich über den Desktop abgewickelt. Darüber lassen sich einerseits die niedrige Smartphone-Conversion sowie die hohe Desktop-Conversion plausibel erklären (Tab. 2).

In einer systemischen Betrachtung hat jeder Kontakt eines Besuchers mit einem Touchpoint eine spezifische Aufgabe im Rahmen der Customer Journey. Und auch wenn es nicht in jeder Session zum Kaufabschluss kommt, so fallen jedoch in jeder Session Nutzerdaten

Tab. 2 Conversion Rates im Vergleich. (Mobile-Zeitgeist 2014)

Geräte-Typ	Durchschnittliche Conversion Rate (%)
Mobile	0,83
Tablet	2,37
Desktop	2,65

an, die eine Ausgangsbasis für weitere Iterationen des Personalisierungs-Kreislaufs sind.

Zusammengefasst lässt sich dieser Kreislauf also wie folgt beschreiben: Auf Basis von Nutzerdaten wird mit BI-Methoden und -Werkzeugen handlungsrelevantes Wissen erzeugt. Handlungsrelevantes Wissen führt zur Herausbildung neuer bzw. zur Justierung bestehender vertrieblicher Konzepte, die auf miteinander verzahnten Touchpoints ausgespielt werden. Durch die Interaktion mit den verschiedenen Touchpoints werden (neben Bestellungen bzw. monetären Erträgen) weitere Nutzerdaten erzeugt, die wiederum mehr handlungsrelevantes Wissen erzeugen usw.

4 Globales Wissen für lokale Entscheidungen: Architektur zur Bereitstellung von Insights in Echtzeit

Wir verstehen Personalisierung nicht als Selbstzweck, sondern als Anreicherung der Features unserer E-Commerce-Plattform mit der intelligenten Berücksichtigung von Nutzersignalen und Kontextwissen. Demzufolge wirkt Personalisierung auch nur im Kontext bestehender Features und kann dort (im Effekt) über A/B-Tests sichtbar gemacht werden.

Unsere Plattform ist in verschiedene Teilsysteme (Vertikalen) aufgeteilt, die jeweils bestimmte Seitentypen bzw. Features bereitstellen. Es

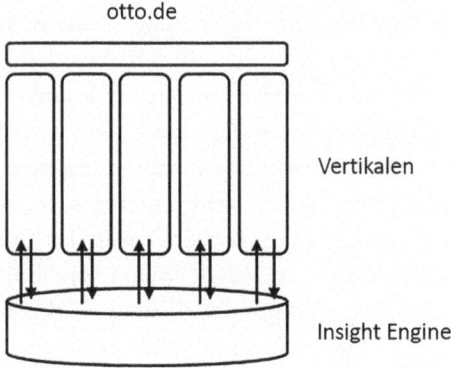

Abb. 3 Architektur-Skizze. (Quelle: Eigene Darstellung)

gibt beispielsweise eine Vertikale für die Auslieferung von Produktlisten und eine für die Auslieferung von Sortiments-Einstiegsseiten. Die einzelnen Vertikalen sind lokal für die Business-Logik und die Aussteuerung ihrer Seiten/Features verantwortlich (Abb. 3).

Um die gesamte Plattform mit Personalisierungsintelligenz anreichern zu können, stellen wir sogenannte Insights über eine zentrale Komponente zur Verfügung. Insights sind dabei auf Basis von Nutzersignalen und Kontextwissen über Modelle abgeleitete Informationen, die Präferenzen oder Affinitäten von Besuchern zum Ausdruck bringen. Konkret kann dies eine Markenpräferenz oder die Kaufwahrscheinlichkeit in der aktuellen Session sein.

Um dabei ein Höchstmaß an Website-Performance sicherstellen zu können, ist diese Architektur einerseits darauf ausgelegt, dass die Insights innerhalb von 10 ms an anfragende Systeme bereitgestellt werden können. Andererseits sind sie in der Regel ein nur optionaler Bestandteil der Business-Logik innerhalb der anfragenden Systeme, sodass diese nach einer Toleranzzeit von weiteren zehn ms ohne Antwort ohne Insight fortfahren. Für die schnellstmögliche Bereitstellung der Insights setzen wir auf einem State-of-the-art-Technologie-Stack auf. Dabei kommen Clojure, Kafka, Redis, mongoDB, Mesos und Docker zum Einsatz.

5   Die Organisationsperspektive: Transparenz und Beherrschbarkeit als Erfolgsfaktoren

Die Personalisierungsfähigkeit über alle miteinander verzahnten Touchpoints wird auch weiterhin ein entscheidender Erfolgsfaktor sein, um durch relevante Botschaften Aufmerksamkeit bei Besuchern zu erzeugen. Es ist daher insbesondere für Händler erforderlich, sich in Zukunft weiter mit diesem Thema auseinanderzusetzen.

Die Herausforderungen dabei sind einerseits technologischer und andererseits methodisch/organisatorischer Natur. Technologisch wird die Fragmentierung der Device-Landschaft weiter zunehmen sowie die zu bewältigenden Datenmengen exponentiell steigen – bei bestenfalls gleichbleibendem Anspruch an die Echtzeitfähigkeit von Entscheidungen.

Methodisch/organisatorisch erfordert die konsequente Umsetzung von Maßnahmen zur Personalisierung ein bestimmtes Grundparadigma in Bezug auf algorithmische Entscheidungsfindungen. Je nach Absprungbasis innerhalb einer Organisation kann der Sprung auf eine personalisierte Logik in der Steuerung von Onlineshops gegebenenfalls weit sein. In unserem Verständnis stellt eine personalisierte Logik die Erweiterung einer algorithmischen Steuerungslogik um Nutzer- bzw. Kontextsignale dar. In einem Onlineshop, der bereits weitgehend über algorithmische Steuerungslogik verfügt, ist der Schritt in Richtung Personalisierung kürzer, als in einem Onlineshop, der weitgehend manuell gesteuert wird. Das mag trivial klingen, ist aus der Organisationsperspektive, insbesondere in Bezug auf den zu erwartenden Change, jedoch ein gravierender Unterschied.

Unserer Ansicht nach bildet die algorithmische Steuerung von Features das notwendige Fundament für eine Personalisierung, sodass für die Einführung personalisierter Logik gegebenenfalls der Change in Richtung einer algorithmischen Steuerung miterledigt werden muss (Abb. 4).

Ein konsequent datengetriebenes Vorgehen bedeutet an dieser Stelle, dass eine automatische (und personalisierte) Steuerung von Features nur in Ausnahmefällen durch Konfigurationen bzw. manuell gesetzte Ausprägungen von Inhalten übersteuert wird.

Ganz gleich, ob die Einführung von personalisierter Logik bereits auf einem algorithmischen Fundament aufsetzen kann oder nicht, wird sich die implementierende Organisation mit einem Change in einem gewissen Ausmaß konfrontiert sehen. Unserer Erfahrung nach steht hinter Ressentiments in diesem Zusammenhang in der Regel Skepsis gegenüber der zukünftigen Kontrollier- und Steuerbarkeit von Business-Logik. Wir begegnen diesem Umstand einerseits durch den Anspruch, den wirtschaftlichen Erfolg von personalisierter Logik empirisch nachzuweisen (über A/B-Tests) sowie andererseits mittels der Bereitstellung von Dashboards und Reports, über die wir transparent machen, dass sich personalisierte Logik grundsätzlich deterministisch verhält.

Das Beispiel in Abb. 5 zeigt ein Dashboard mit verschiedenen Indikatoren aus dem Umfeld einer Echtzeit-Kaufprognose. Innerhalb einer Session wird über ein Prognosemodell die Wahrscheinlichkeit vorhergesagt, dass ein otto.de-Besucher etwas kaufen wird. Diese Vorhersage wird von einigen Features für die personalisierte Aussteuerung von Inhalten verwendet. Das dargestellte Dashboard ist grundsätzlich frei verfügbar und kann von jedem Arbeitsplatz aus aufgerufen werden.

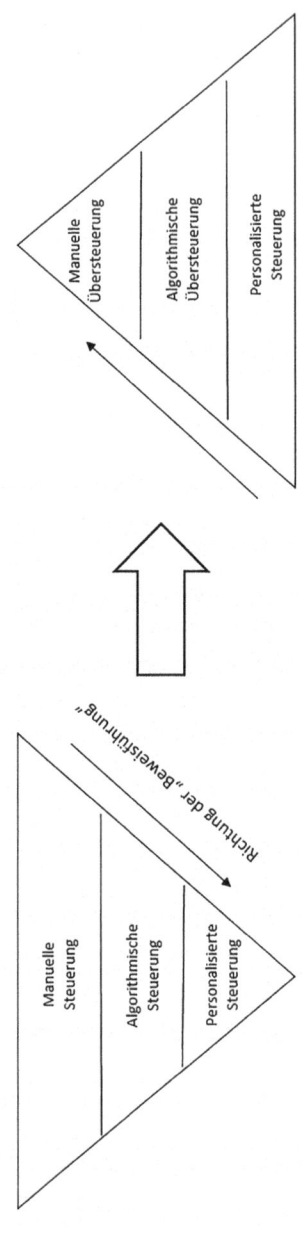

Abb. 4 Umkehr der Beweisführung. (Quelle: Eigene Darstellung)

Abb. 5 Exemplarisches Dashboard. (Quelle: Eigene Darstellung)

6   Umgesetzte und geplante Anwendungsfälle im Umfeld der OTTO-E-Commerce-Plattform

6.1   Shopteaser auf der otto.de-Homepage und auf Sortiments-Einstiegsseiten

Shopteaser sind Elemente auf der Homepage und auf Sortiments-Einstiegsseiten, die auf Knoten in tiefer liegenden Navigationsebenen leiten (Abb. 6).

Die Primär-KPI, anhand derer der Erfolg dieser Shopteaser bewertet wird, ist die Klickrate. Durch die Einführung von personalisierter Logik konnten wir den Erfolg dieses Features signifikant (Nachweis über einen A/B-Test) steigern.

6.2   Zielgerichteter Einsatz verkaufsfördernder Maßnahmen

Unter einer verkaufsfördernden Maßnahme verstehen wir einen Vorteil (z. B. eine Versandkostenbefreiung oder einen Rabatt für ein bestimmtes Sortiment), der einem Kunden gewährt wird (Abb. 7).

Über eine Echtzeit-Prognose der Kaufwahrscheinlichkeit in der laufenden Session können wir verkaufsfördernde Maßnahmen zielgerichtet und gewissermaßen als Zünglein an der Waage einsetzen, um die Kaufentscheidung innerhalb einer Session positiv zu beeinflussen. Auch hier konnten wir über einen A/B-Test einen signifikant positiven Effekt nachweisen.

6.3   Zukünftige Anwendungsfälle

Für die Herleitung weiterer Personalisierungs-Anwendungsfälle verwenden wir das nachfolgend beschriebene Framework. In dem Verständnis, dass Maßnahmen zur Personalisierung ein Hilfsmittel sind, um die KPI von Features unserer E-Commerce-Plattform positiv zu beeinflussen, sehen wir es als erforderlich an, eine strukturierte Diskussion darüber zu führen, welche Features bis zu welchem Grad personalisiert werden

Empfehlungen für Sie

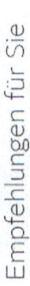

CFL
CFL Schlupfjeans, für
Jungen
€ 19,99
nur heute ab € 9,99

APPLE
APPLE CTO MacBook Pro
Retina »MF839 13,3" i5...
ab € 1.689,99

APPLE
Apple MacBook Pro
"MF839D/A Notebook....
ab € 1.358,99

PLAYSTATION
PlayStation 4 (PS4) + 2
Controller Konsolen-Set...
€ 450,99
€ 429,99

APPLE
Apple MacBook PRO
MD101D/A Notebook....
ab € 1.131,99

Appl
Sma

OTTO entdecken

Android Handy »
Smartphone

Sofas & Couches »
Möbel : Wohnzimmer

Geschenktipps »
Babys

LED Fernseher »
Fernseher

Shopteaser auf otto.de

Abb. 6 Shopteaser auf otto.de

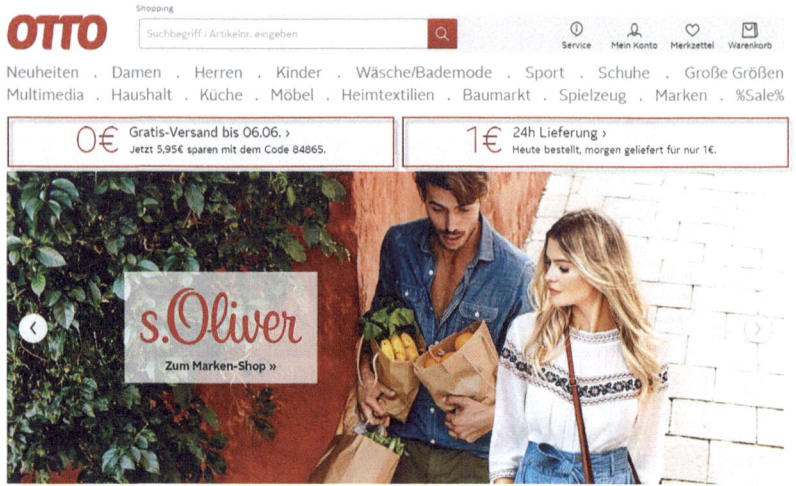

Abb. 7   Repräsentation verkaufsfördernder Maßnahmen auf otto.de

sollen. Dabei ist die Frage der richtigen Granularität entscheidend. Je nach Definition des Feature-Begriffs, können diese sehr kleinteilig beschrieben werden, sodass die Gefahr besteht, sich in Details zu verlieren. Um eine geeignete Diskussionsebene zu bieten, nutzen wir die beiden Konzepte Content und Inventar und setzen sie unter dem Aspekt der Personalisierung zueinander in Beziehung.

Content
Als Content verstehen wir verschiedene Typen von Inhalten, mit denen Besucher beim Besuch von otto.de in Kontakt kommen können:

- Produkte
- Navigationsknoten
- Services
- Verkaufsfördernde Maßnahmen
- Redaktionelle Inhalte

Inventar
Als Inventar verstehen wir Flächen auf otto.de auf den Seitentypen, Homepage (HP), (Sortiments-)Einstiegsseiten (ES), Produktlisten (PL),

Suchergebnisseiten (SES), Artikeldetailseite (ADS), Bestellvorgang (BV), Mein Konto (MK), die mit Content verschiedenen Typs belegt werden können.

Content-Inventar-Logik
Eine Content-Inventar-Logik beschreibt einen abstrakten Logikbaustein, der in der Verknüpfung von Content mit Inventar über die Menge und Reihenfolge dargestellter Inhalte entscheidet (Abb. 8).

Beispielhafte (keine vollständige Auflistung) Content-Inventar-Logiken sind (Tab. 3):

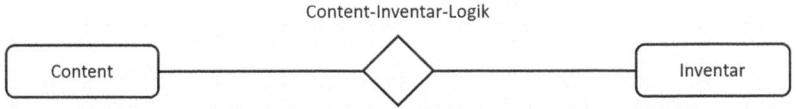

Abb. 8 Datenmodell Content-Inventar-Logik. (Quelle: Eigene Darstellung)

Tab. 3 Content-Inventar-Logiken. (Quelle: Eigene Darstellung)

Name	UI-Repräsentation	Content	Inventar
Layer-Navigation		Navigationsknoten	Alle
Slide Show Teaser		Navigationsknoten	HP, ES
Shopteaser		Navigationsknoten	HP, ES
Produkt-empfehlungen		Produkte	HP, ES, ADS, WK

Mithilfe eines Reifegrad-Modells können wir einerseits den Status quo der Personalisierbarkeit einzelner Logikbausteine erheben und andererseits eine strukturierte Diskussion über angestrebte Zielzustände führen. Darüber hinaus lässt sich mit diesem Framework aus einer Plattformperspektive heraus eine Antwort darauf geben, wann eine vollständige (funktionale) Personalisierbarkeit gegeben ist.

Als Reifegrade verwenden wir die folgenden Stufen:

0. Eine Logik ist nicht algorithmisch steuerbar. Die Steuerung erfolgt ausschließlich durch manuelle Konfiguration.
1. Eine Logik ist algorithmisch steuerbar, lässt aber weiterhin eine manuelle Übersteuerung zu.
2. Eine Logik ist algorithmisch steuerbar und lässt keine manuelle Übersteuerung mehr zu.
3. Eine Logik ist personalisiert (algorithmisch steuerbar unter Berücksichtigung von Nutzer- und Kontextsignalen) und verwendet dabei ein statisches Modell.
4. Eine Logik ist personalisiert (algorithmisch steuerbar unter Berücksichtigung von Nutzer- und Kontextsignalen) und verwendet dabei ein dynamisches, selbst lernendes Modell.

Wir nutzen eine einfache Visualisierung, in der die verschiedenen Logikbausteine entlang der Personalisierungsreifegrade in einem Soll-Ist-Abgleich dargestellt werden können. Für jede Transition eines Logikbausteins vom Ist- zum Zielniveau kann sowohl der potenzielle Geschäftsnutzen als auch der anfallende Implementierungsaufwand abgeschätzt werden. Aus beiden Facetten lässt sich dann eine Roadmap für die Weiterentwicklung der Personalisierungsfähigkeit formulieren (Abb. 9).

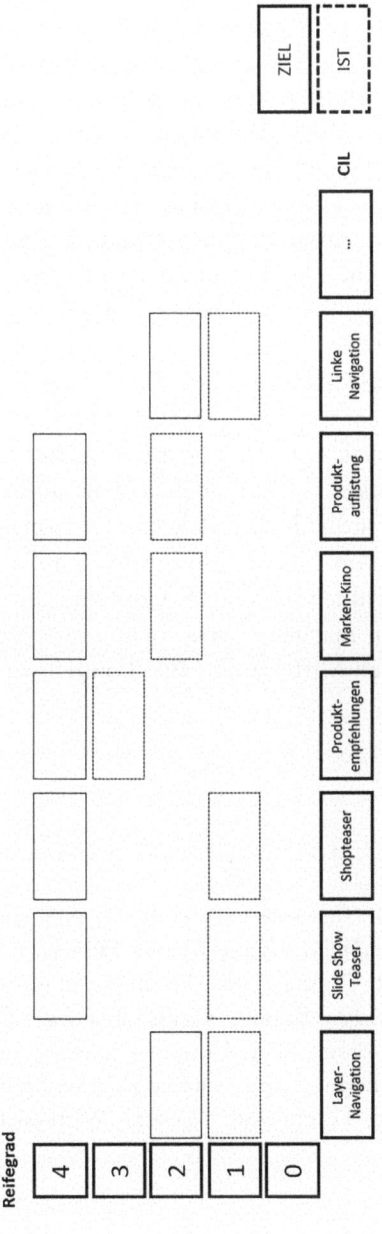

Abb. 9 Content-Inventar-Framework. (Quelle: Eigene Darstellung)

7   Fazit

Wir sind davon überzeugt, dass die Personalisierungsfähigkeit über alle miteinander verzahnten Touchpoints im E-Commerce weiterhin ein entscheidender Erfolgsfaktor sein wird – mit sogar zunehmender Bedeutung. Digitale Devices entwickeln sich immer näher an den Menschen heran, verlängern vitale Funktionen und sind damit bereits heute schon in Ansätzen gewissermaßen eine Erweiterung des Betriebssystems Mensch. Die Evolution der Endgeräte vom stationären Desktop-Computer über Notebooks, Tablet, Smartphones bis hin zu Wearables demonstriert neben dem Miniaturisierungsgrad moderner Informationstechnologie auch deutlich die Entwicklung hin zu immer persönlicher werdenden Geräten, die auch räumlich immer näher an den Menschen heranrücken. Immer persönlicher werdende Geräte erfordern unserer Ansicht nach auch einen immer persönlicheren Content mit höherer individueller Relevanz. Personalisierung bedeutet also das Antizipieren von Nutzungskontexten und das Verbinden dieser Kontexte mit individuell relevantem Content. Um in jeder Situation relevante Angebot zu machen, rückt damit eine zentrale Frage für Händler (wieder) in den Mittelpunkt: Was können wir für Sie tun?

Literatur

Anderson, C. 2006. *The long tail: Why the future of business is selling less of more.* New York: Hyperion.

Bowden, J. L. H. 2009. The process of customer engagement: a conceptual framework. *The Journal of Marketing Theory and Practice* 17 (1): 63–74.

Davenport, T. H., und J. C. Beck. 2001. *The attention economy: Understanding the new currency of business.* Boston: Harvard Business School Press.

Holland, H., und L. Flocke. 2014. Customer-Journey-Analyse – Ein neuer Ansatz zur Optimierung des (Online-)Marketing-Mix. In *Digitales Dialogmarketing*, Hrsg. H. Holland, 825–855. Wiesbaden: Springer.

Mobile-Zeitgeist. 2014. Tablet vs. Smartphone: 4 Fakten zum mCommerce. http://www.mobile-zeitgeist.com/2014/10/15/tablet-vs-smartphone-4-fakten-zum-mcommerce/. Zugegriffen: 30. Mai 2016.
Statisticsbrain. 2016. Presidency and congress balance of power. http://www.statisticbrain.com/attention-span-statistics/. Zugegriffen: 30. Mai 2016.

Über die Autoren

Olaf Schlüter ist Diplom-Medienwirt mit über 20-jähriger Erfahrung in der Konzeption und Entwicklung von Anwendungen und Interfaces für digitale Medien, insbesondere im Bereich E-Commerce. Als Bereichsleiter E-Commerce Productmanagement & User Experience Design verantwortet er die fachliche Entwicklung der digitalen E-Commerce Plattformen rund um otto.de (Web, Mobile, Apps). Die komplette Inhouse-Entwicklung der OTTO eigenen Webshop-Plattform und das Umsetzen einer erfolgreichen Responsive-Design-Strategie waren zwei Meilensteine der jüngeren Vergangenheit, welche die Basis dafür bilden, jetzt und zukünftig eine komplett personalisierte User Experience für den individuellen Shoppingprozess bei OTTO zu entwickeln.

Alexander Will ist Abteilungsleiter im E-Commerce-Bereich bei OTTO. Der Diplom-Wirtschaftsinformatiker verantwortet einen Teil des Online-Produktmanagements für otto.de und verfügt über eine langjährige Erfahrung in der agilen Produktentwicklung von Webshops. Neben agilen Methoden und nutzerzentrierten Verfahren fasziniert ihn insbesondere das Thema Personalisierung von Webanwendungen im Allgemeinen & natürlich von Webshops im Speziellen.

Personalisierung in der Praxis

Sebastian Betz, Tarek Müller, Hannes Wiese,
Bastian Siebers, Jens Fischer und Matthias Zacek

Zusammenfassung Personalisierung kann ganz unterschiedliche strategische Rollen einnehmen. Anhand dreier ausgewählter Anbieter werden im Folgenden verschiedene Ansätze dargestellt. So ist Personalisierung bei ABOUT YOU die Basis des Geschäftsmodells und wird mit dem Ziel eingesetzt, Fashion-Discovery zu repräsentieren und einen Platz im Alltag der Kunden zu sichern sowie langfristig mit hohem Engagement zu binden.

S. Betz (✉) · T. Müller · H. Wiese
ABOUT YOU GmbH, Hamburg, Deutschland
E-Mail: muschda.sherzada@aboutyou.de

B. Siebers
babymarkt.de GmbH, Dortmund, Deutschland
E-Mail: siebers@babymarkt.de

J. Fischer
babymarkt.de GmbH, Dortmund, Deutschland
E-Mail: fischer@babymarkt.de

M. Zacek
Google Österreich, Wien, Österreich
E-Mail: matthiasz@google.com

© Springer Fachmedien Wiesbaden GmbH 2017
E. Stüber und K. Hudetz (Hrsg.), *Praxis der Personalisierung im Handel*,
DOI 10.1007/978-3-658-16244-3_8

Bei Babymarkt.de dagegen stellt Personalisierung den Wettbewerbsvorteil für Fachhändler dar und hilft dabei, die Bedürfnisse eines Dritten (Baby/ Kind) zu antizipieren und den eigentlichen Käufern vorzuschlagen. Der durch biologisch determinierte Bedürfnisse vorhersehbare Kundenlebenszyklus bietet zusätzliche Chancen in der Personalisierung. Als Kundenerlebnis wird Personalisierung dann im dritten Beitrag bei Google betrachtet: Kein Nutzer sieht das gleiche, sondern alle Darstellungen erfolgen auf Basis individueller Faktoren wie z. B. Keyword, Suchhistorie, Ort, Sprache, Gerät (Smartphone, Tablet, Desktop, …).

Inhaltsverzeichnis

1   Personalisierung als Basis – ABOUT YOU

Sebastian Betz, Tarek Müller und Hannes Wiese

1.1   Das Unternehmen

Der Online-Fashionshop ABOUT YOU gehört, unter dem Dach der Otto Group, zur Collins GmbH & Co. KG und ging mit seiner Plattform www.aboutyou.de im Mai 2014 an den Start. Bei ABOUT YOU finden Frauen und Männer zwischen 20 und 40 Jahren neben einer vielseitigen Fashion-Inspiration mehr als 100.000 Modeartikel von über 800 Marken. Der Online-Pure-Player setzt dabei neue Maßstäbe in Sachen Personalisierung. Inspiriert von bekannten Strukturen aus sozialen Netzwerken wie Facebook hat ABOUT YOU einen neuen Ansatz entwickelt, Personalisierung im Onlinehandel umzusetzen: User-Generated-Content wird nahtlos in den Onlineshop von ABOUT YOU integriert (Abb. 1). Welche Möglichkeiten der

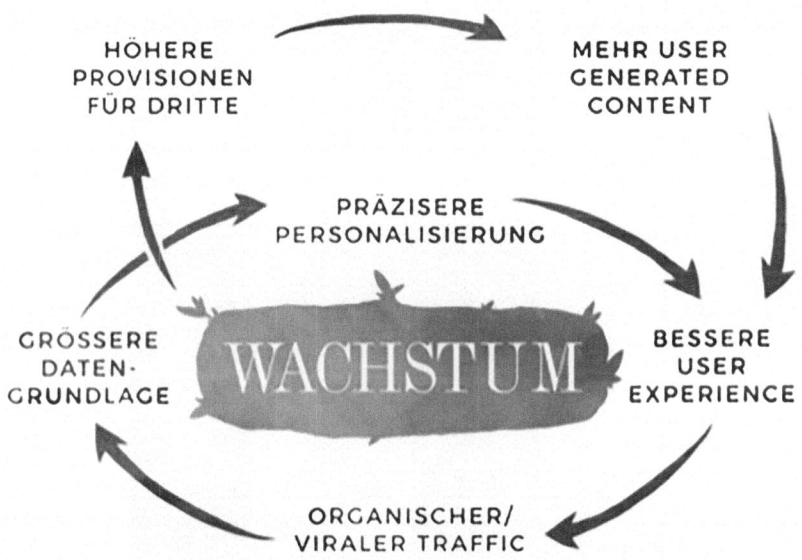

Abb. 1 Wachstum als Basis für das Geschäftsmodell. (Quelle: Eigene Darstellung)

Personalisierung hat der Kunde bei ABOUT YOU und welche Mehrwerte bieten ihm diese?

1.2 Wie wird personalisiert?

Die Grundlage für die konsequente Personalisierung bei ABOUT YOU bilden explizit die Kunden mit ihren Benutzerprofilen: Hierbei können zum einen aktiv Informationen preisgegeben (z. B. Lieblingsfarbe, -marken, Modestil) und als Personal-Feed, also „persönlichen Fußabdruck" hinterlegt werden. Zum anderen können Kunden indirekt ihre Fashion-Vorlieben bekunden, indem sie Marken, Stars oder Looks folgen. Diese Informationen dienen als persönlicher Filter: Dem jeweiligen Kunden werden dadurch nur die für ihn relevanten Produkte, Styles und Marken im Onlineshop angezeigt – der Onlineshop sieht somit für jeden Kunden anders aus (Abb. 2).

Der „Personal Feed" wird im Rahmen des „Stylequiz" mit persönlichen Informationen angereichert und erweitert das Profil des Kunden.

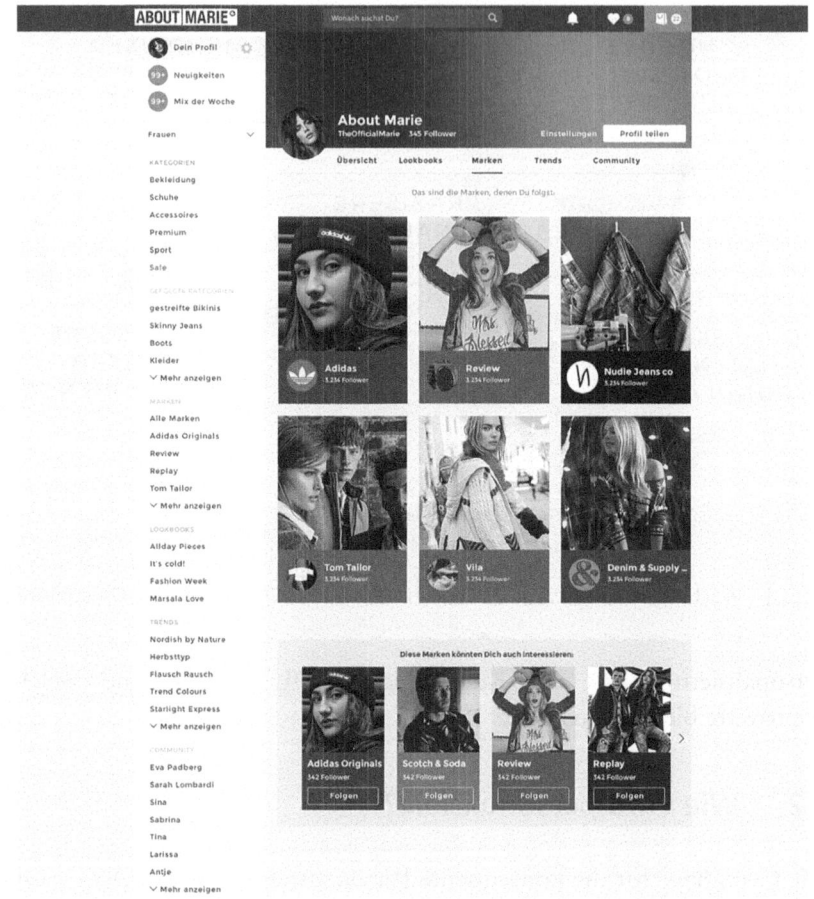

Abb. 2 Beispielseite 1 der Nutzerin Marie auf Aboutyou.de

Im Quiz werden z. B. Outfits und Produkte spielerisch und interaktiv bewertet, ähnlich wie vom Curated Shopping bekannt, Lieblingsfarben angegeben oder Größen und Preisvorstellungen hinterlegt. So kann das Sortiment noch stärker auf den persönlichen Geschmack eingegrenzt werden. Aus den individuell dargebotenen Produkten können schließlich aktiv durch die Kunden Outfits in „Lookbooks" zusammengestellt und mit Freunden geteilt werden. Eine Funktion, die die Interaktion und das Engagement der Kunden unterstützt (Abb. 3).

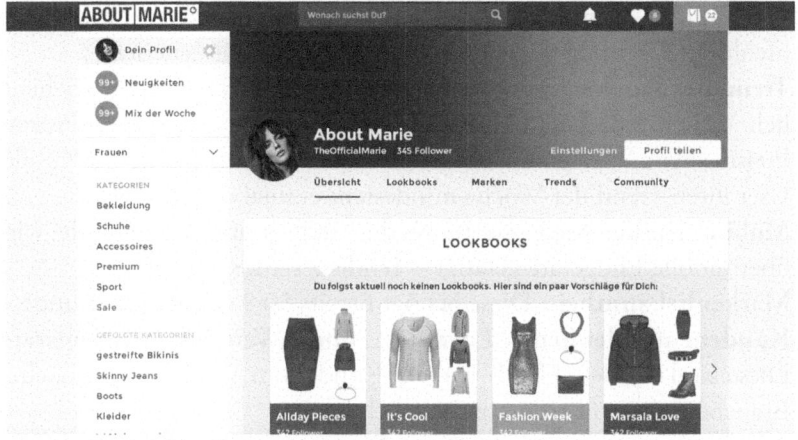

Abb. 3 Beispielseite 2 der Nutzerin Marie auf Aboutyou.de

Diese Features machen es möglich, dass Kunden einen konsequent auf sie zugeschnittenen Onlineshop vorfinden, in dem nur Produkte abgebildet sind, die ihrem Geschmack und Stil entsprechen. Unterstützt wird dieses Konzept durch den sich personalisierenden Shopnamen: Sobald sich der Kunde einloggt, passt sich der Header an den Vornamen des Nutzers an. Aus ABOUT YOU wird dann zum Beispiel ABOUT MARIE.

1.3 Wirkung messen

Doch haben diese zahlreichen Bemühungen auch eine Auswirkung auf den Erfolg des Unternehmens? ABOUT YOU verwendet folgende KPIs zur Wirkungsmessung seiner Personalisierungsstrategie (Stand Juni 2016):

- **Registrierte Kunden:** ABOUT YOU verzeichnet seit dem Start im Mai 2014 innerhalb der ersten zwei Jahre am Markt mehr als eine Million aktive Kunden (=Kunden, die innerhalb der letzten zwölf Monate gekauft haben).
- **Anteil der Kunden, die ihr Fashion-Profil vervollständigen:** Mehr als 50 % aller Kunden füllen ihre Einstellungen aus.

- **Persönliche Empfehlungen:** Bei personalisierten Produktempfehlungen wird 29 % mehr Umsatz pro Besucher generiert.
- **Trend der Woche:** Ein neues Personalisierungs-Feature, das wöchentlich für jeden User 100 passende Produkte mit zehn Prozent Preisnachlass anzeigt. Nach vier Monaten rufen bereits 63 % aller User ihren Trend der Woche mindestens einmal im Monat auf.
- **Mobile Traffic:** Mehr als 65 % des Traffics auf aboutyou.de wird über mobile Endgeräte getätigt – Tendenz stark steigend.
- **Markenbekanntheit:** Diese beträgt bereits 50 % in der Zielgruppe.
- **Kundenzufriedenheit, Loyalität und Weiterempfehlungsrate:** Diese sind bei den ABOUT YOU-Kunden im Vergleich zu üblichen Branchenzahlen überdurchschnittlich hoch.
- **Anerkennung von externen Experten für das innovative Geschäftsmodell:** ABOUT YOU hat bereits einige Branchenpreise, wie z. B. Kunden-Innovationspreis (2014), Internet World Business Shop Awards („Bester Pureplayer", „Best of Show" 2015), Innovationspreis des Handels (2015) oder Internet World Business Shop Awards („Bester mobile Shop", 2016) gewonnen.

1.4   Chancen und Herausforderungen der Personalisierung

In den hohen Ansprüchen der Kunden an passgenaue Angebote – die vor allem beim Onlineshopping gesetzt werden – sieht das Fashion-Start-up eine zentrale Herausforderung für Onlinehändler. Dieser gilt es mit Innovationen zu begegnen: „Die Personalisierung an sich muss innovativer werden", so Tarek Müller von ABOUT YOU. Gerade wenn die Kunden, wie sie es in Deutschland häufig noch sind, bei der Herausgabe von persönlichen Angaben eher zurückhaltend sind, müssen sich die Unternehmen etwas einfallen lassen, um den Bedürfnissen der Kunden trotzdem gerecht werden zu können. ABOUT YOU setzt daher auf die Selbstbestimmtheit der Kunden: Sie haben die Wahl, ob sie auf Grundlage der gemachten Angaben nur das personalisierte Sortiment oder ganz klassisch das ungefilterte Gesamtsortiment sehen wollen.

Eine Chance sieht ABOUT YOU in neuen Geschäftsmodellen: „Für den Handel ist es eine Chance, die gelernte Social-Media-Logik auf das eigene Geschäft zu übertragen und so neue, personalisierte Shoppinganreize zu schaffen. Bei ABOUT YOU erobern wir damit den Zukunftsmarkt Fashion-Discovery, der bislang vor allem stationär, online aber kaum repräsentiert wird." So kann ein Platz im Alltag der Kunden gesichert werden, diese langfristig an das Unternehmen gebunden und das Engagement erhöht werden. ABOUT YOU ist davon überzeugt, dass das Interesse der Kunden an personalisiertem Einkaufen noch weiter steigen wird und auch die Kunden diese Chancen für sich erkennen.

2 Personalisierung als Wettbewerbsvorteil für Fachhändler – Babymarkt.de

Bastian Siebers und Jens Fischer

2.1 Das Unternehmen

Seit Oktober 2003 bietet babymarkt.de eine große Auswahl an Babyartikeln online. Zunächst ausschließlich als eBay-Shop erfolgreich, wurde 2004 der erste eigene Onlineshop gegründet – aktuell können Kunden über 100.000 Produkte entdecken. Seit Mai 2014 wird zudem stationär verkauft: Startpunkt war ein Flagshipstore mit einer Verkaufsfläche von 2000 qm direkt am Firmensitz in Dortmund, wo in der Zentrale momentan rund 270 Mitarbeiter arbeiten. Mittelfristiges Ziel ist, zehn bis 15 Filialen in Deutschland zu betreiben und in den Großstädten vor Ort präsent zu sein. Aktuell sind drei Filialen eröffnet worden. Als Teil der Tengelmann-Unternehmensgruppe wird außerdem an einer Internationalisierung gearbeitet. So verfügt man über mittlerweile 13 etablierte Onlineshops u. a. in Österreich, den Niederlanden und Frankreich.

Im Bereich Personalisierung ist babymarkt.de einzigartig und unterscheidet sich in einem Punkt wesentlich von anderen Onlineshops: Spezialisiert auf Baby- und Kinderartikel kauft niemals der tatsächliche

Anwender selbst ein, sondern die Bedürfnisse eines Dritten müssen antizipiert und dem eigentlichen Käufer vorgeschlagen werden. Durch die Zielgruppe ergibt sich jedoch auch ein spezifischer und vorhersehbarer Kundenlebenszyklus. Dieser lässt sich aufgrund biologisch determinierter Bedürfnisse des Anwenders mit einer gewissen Präzision vorhersagen und bietet zusätzliche Chancen in der Personalisierung.

2.2   Wie wird personalisiert?

Babymarkt.de nutzt Personalisierung in zwei Bereichen. Im E-Mail-Marketing erhalten Kunden für sie zugeschnittene Produktempfehlungen, die den derzeitigen Bedürfnissen entsprechen. Dafür werden verschiedene Faktoren wie zum Beispiel Kaufverhalten, soziodemografische Angaben oder vom Kunden bereitgestellte Daten herangezogen (wie Geburtstag oder Geschlecht des Kindes) und zur Personalisierung genutzt. Dadurch ist es möglich, Produktempfehlungen zu geben, selbst wenn der Kunde dieses Bedürfnis babymarkt.de gegenüber noch gar nicht geäußert hat. Ein Beispiel: Einer Kundin können Kinderwagen empfohlen werden, wenn das Kind wahrscheinlich bald der Babyschale entwächst. Ebenso können auch mitwachsende Kleidergrößen berücksichtigt werden.

Zum anderen wird Onsite an der Optimierung von individuellen Produktangeboten gearbeitet. Hierbei werden eine Vielzahl von Indikatoren wie beispielsweise das Suchverhalten analysiert, um eine individuelle Listung von Produkten zu erreichen, die dem bisherigen Surf- und Kaufverhalten des Besuchers entsprechen. Folglich sehen unterschiedliche Kunden auch verschiedene Produktangebote auf der Website. Der vorhersehbare Kundenlebenszyklus ist dabei sehr hilfreich. Kunden könnten so Monate nach dem letzten Besuch wieder babymarkt.de besuchen. In einem konventionellen Onlineshop sind Schuhgröße und Bedürfnisse immer noch sehr ähnlich, bei Eltern kann sich das Bedürfnisprofil jedoch vollständig verändert haben, da das Kind jetzt den Produkten von vor drei Monaten entwachsen ist und die ganze Kategorie keine Rolle mehr spielt.

2.3   Wirkung messen

Anders als bei generischen Maßnahmen ist die Anzahl an unterschiedlichen Werbemitteln per Definition unüberschaubar: Jeder Kunde bekommt eine individuelle Variante, wodurch Messungspräzision den Methoden aus der Stochastik geopfert werden muss. Allerdings lässt sich der Personalisierungsalgorithmus in Gänze mit rein generischen Inhalten vergleichen. Hierbei sind besonders Engagement-Metriken ausschlaggebend, da sich damit unmittelbar die Relevanz für den Kunden messen lässt. Diese zeigen beispielsweise, dass die Klickraten bei personalisierten Empfehlungen erheblich besser als bei unpersonalisierten Platzierungen sind. Zudem ist es möglich, eine größere Auseinandersetzung von Nutzern mit personalisierten Inhalten zu messen. Das Verhalten und damit die KPIs sind jedoch deutlich heterogener als bei unpersonalisierten Kampagnen. So führt im Onlineshop die Personalisierung zur Steigerung der durchschnittlichen Warenkörbe und zu mehr besuchten Seiten/Artikeln pro Besuch. Es gibt jedoch auch mehr Ausreißer als bei herkömmlichen Kampagnen. Der Anspruch der Personalisierung muss daher auch mit passenden Inhalten erfüllt werden können.

2.4   Chancen und Herausforderungen der Personalisierung

Durch Personalisierung haben Fachhändler eine große Chance sich gegenüber Vollsortimentern und Marktplätzen zu positionieren, denn eine Vielfalt an Produkten zu günstigen Preisen anzubieten, ist nur eine Säule für einen guten Onlineverkauf. Mit dem vorhandenen Fachwissen einen Onlineshop zielgerichtet zu personalisieren und damit die spezifischen Bedürfnisse der Kunden besser zu bedienen, verschafft einen klaren Wettbewerbsvorteil. Für Babymarkt ist Personalisierung nicht Anpassung auf Nutzer X, sondern an die Bedürfnisse des Kindes von X, welche jedoch durch den vordefinierten Lebenszyklus relativ leicht kategorisiert werden kann.

Allerdings bringen diese Chancen auch Risiken mit sich. Ein Onlineshop mit einem Personalisierungsanspruch muss spürbar auf die Bedürfnisse des Kunden zum aktuellen Zeitpunkt zugeschnitten sein. Liegt der Onlineshop mit dem gewählten Ansatz daneben und schätzt das derzeitige Bedürfnis falsch ein, werden die Kunden enttäuscht sein und wahrscheinlich abwandern. Dieses Enttäuschungspotenzial auf Kundenseite sollte deswegen nicht unterschätzt und die Personalisierung dauerhaft verbessert werden.

Ein weiteres Risiko der Personalisierung besteht darin, Kunden in einer sogenannten „Filter-Bubble" zu halten, die von bis zu diesem Zeitpunkt bekannten Daten gespeist wird. Für den Algorithmus unerwartete Bedürfnisse können jedoch möglicherweise nicht befriedigt werden, da die passenden Lösungsvorschläge durch die Personalisierung entfernt oder an den Rand gedrängt wurden. Diese Risiken werden in Zukunft durch noch mehr Datenpunkte zur Bewertung von Besuchern und Kunden angegangen werden, denn Personalisierung wird im Kampf um die geringe Bildschirmfläche auf mobilen Geräten immer wichtiger werden.

Trotz der Risiken können Onlineshops der Zukunft nicht auf einen Grad der Personalisierung verzichten. Wichtig ist jedoch, Umfang und Inhalt der Personalisierung immer an verfügbaren und belastbaren Daten auszurichten und mit dem nötigen Wissen über Sortiment und Kunden anzureichern. Genau darin definiert sich der Wettbewerbsvorteil der Zukunft: Die Entscheidung über Grad und Tiefe der Personalisierung ausgewogen zu treffen.

3   Personalisierung als Kundenerlebnis – Google

Matthias Zacek

> Die größte Herausforderung für Händler ist das Umdenken von Rohertrag je Artikel, Warenkorbwert oder Deckungsbeitrag je Kaufakt hin zu einer kundenorientierten Betrachtung.

3.1 Das Unternehmen

Google erreicht mit seiner Suchmaschine mehr als eine Milliarde Menschen. Seit seiner Gründung 1998 benutzen Menschen auf der ganzen Welt die Google-Suchfunktion. Personalisierte Suchanfragen und personalisiertes Marketing ist dabei eine wichtige Kernkompetenz des Unternehmens.

3.2 Wie wird personalisiert?

Ein perfektes Beispiel für Personalisierung ist die Google-Suchergebnisseite. Jeder User erhält abhängig von mehreren Faktoren wie z. B. Keyword, Suchhistorie, Ort, Sprache, Gerät (Smartphone, Tablet, Desktop, ...) eine individuelle Ergebnisseite. Diese Personalisierung ist eine der Stärken der Google-Suche und Basis für zufriedene User.

Um ihre Privatsphäre stärker zu schützen, haben die User aber auch die Möglichkeit, sich gegen die Nutzung der Suchhistorie zu entscheiden und weitere Einstellungen unter myaccount.google.com vorzunehmen, um die Personalisierung zu beeinflussen.

Aber auch ohne aktive Nutzung, das heißt ohne direkte Eingabe von Suchwörtern, können werbetreibende Unternehmen durch die Verwendung von Google-Produkten wie Remarketing ihren potenziellen Kunden ein besser passendes Werbeerlebnis verschaffen. Google ermöglicht es z. B. Händlern, die ihre Systeme (CRM, Web Analytics) geschickt verknüpfen, für ihre potenziellen Käufer ein relevanteres und somit besseres Erlebnis zu schaffen. So kann man Vegetariern (hohe Wahrscheinlichkeit bei Analyse des historischen Warenkorbes) sowohl in klassischen Display-Bannern als auch in der Suche, auf YouTube oder in Newslettern/Apps, Werbung für Schnitzelfleisch ersparen und ein passendes Produkt bewerben. So interessieren sich auch Hundebesitzer sehr für Preisaktionen bei Hundefutter, alle anderen Konsumenten vermutlich eher nicht. Ähnliche Beispiele lassen sich für nahezu alle Lebens- und somit Bedürfnissituationen finden. Relevanz bezüglich Zeitpunkt und Inhalt ist die Basis für positive und intensive Markenerlebnisse.

3.3 Wirkung messen

Der Erfolg der personalisierten Werbemaßnahmen kann durch eine Vielzahl von KPIs erfasst werden. Hierzu gehört u. a. die Conversion Rate im Onlineshop, eine Offline Conversion Rate, die Anzahl der Ladenbesuche sowie die Interaktionsraten und Dauer der Interaktionen mit Werbemitteln, die Nutzung von Apps usw.

Es können jedoch auch Kennzahlen zur Erfolgsmessung herangezogen werden, die sich primär auf die Marke beziehen. Hierzu gehören z. B. die Markenerinnerung, die Kaufwahrscheinlichkeit sowie die Auswirkungen auf das Suchverhalten in Bezug auf die beworbene Marke. Welches KPI das richtige ist, hängt von dem zuvor gesetzten Kampagnenziel ab.

3.4 Chancen und Herausforderungen der Personalisierung

Eine der größten Chancen besteht darin, durch Personalisierung ein besseres, weil passenderes und relevanteres Kundenerlebnis zu schaffen. Die größte Herausforderung für Händler ist das Umdenken von Rohertrag je Artikel, Warenkorbwert oder Deckungsbeitrag je Kaufakt hin zu einer kundenorientierten Betrachtung. Oft stehen persönliche Erfahrungen im Management, also mit anderen Worten der Erfolg der Vergangenheit, dem Neuen im Weg.

Die Potenziale sind aktuell bereits sehr vielfältig. Wir erwarten eine verstärkte Nutzung der Möglichkeiten, auch durch arrivierte, klassische, stationäre Händler. Durch Messung und Beobachtung können diese immer besser verstehen, welchen Wert und Beitrag individualisierte, zielgerichtete Werbung am Unternehmenserfolg leistet. Mehr als die Hälfte aller handelsrelevanten Suchanfragen in Deutschland werden aktuell von einem Smartphone getätigt. Das Smartphone als initiale und somit richtungsweisende Informationsquelle wird seiner Wichtigkeit immer gerechter werden und auch von großen Playern verstärkt genutzt werden. Die Strategie von Google setzte schon seit Jahren auf mobile first, das persönlichste Endgerät ermöglicht auch das beste Kundenverständnis.

Über die Autoren

Sebastian Betz gründete 2014 zusammen mit Tarek Müller und Hannes Wiese das E-Commerce-Unternehmen ABOUT YOU, wo er heute als Geschäftsführer und Mit-Gesellschafter die Bereiche Tech & Product verantwortet. Betz, Mehrfachgründer und Coder, ist Experte für komplexe Webanwendungen sowie anspruchsvolle Softwareprojekte. Seit seinem 16. Lebensjahr ist er mit dem Schwerpunkt Softwareentwicklung und -Strategie selbstständig. 2010 widmete er sich unter dem Dach seiner Firma Creative-Task GmbH der Optimierung von Geschäftsabläufen durch Algorithmen. Nach ersten erfolgreichen Projekten für nationale und internationale Kunden erweiterte sich das Leistungsspektrum der Agentur auch auf beratende Tätigkeiten. 2013 übernahm die Otto Group das Unternehmen inklusive des Teams für den Aufbau des E-Commerce-Projekts ABOUT YOU. Der gebürtige Darmstädter ist außerdem Schirmherr der Entwickler-Konferenz code.talks, die er 2010 mit Tarek Müller ins Leben gerufen hat. Die Veranstaltung zog zuletzt rund 1500 Teilnehmer und 120 nationale und internationale Speaker nach Hamburg.

Tarek Müller gründete 2014 zusammen mit Sebastian Betz und Hannes Wiese das E-Commerce-Unternehmen ABOUT YOU, wo er heute als Geschäftsführer und Mit-Gesellschafter die Bereiche Marketing & Brands verantwortet. Bereits mit 15 Jahren startete er seinen ersten Onlineshop, anschließend baute er diverse Digital-Agenturen und E-Commerce Geschäftsmodelle auf. Seine 2003 gegründete Firma NetImpact Framework GmbH entwickelte sich mit mehr als 70 Mitarbeitern zu einer der größten deutschen Digitalagenturen – zu deren Kunden u. a. Verlage, Händler, Hersteller und die Otto Group gehörten. Zehn Jahre später übernahm der Konzern das Unternehmen. Müller, gebürtiger Hamburger, ist außerdem Mitgründer und Gesellschafter der 2011 gegründeten Digital-Beratung eTribes Framework GmbH sowie als Investor und Business-Angel in über 15 Firmen aktiv. Die von ihm 2010 ins Leben gerufene Entwickler-Konferenz code.talks zog zuletzt rund 1800 Teilnehmer und 120 nationale und internationale Speaker nach Hamburg. 2014 wurde Müller mit dem „e-Star Personality Award" ausgezeichnet, 2015 und 2016 vom Wirtschaftsmagazin Capital unter die „Junge Elite – Top 40 unter 40" gewählt.

Hannes Wiese gründete 2014 zusammen mit Tarek Müller und Sebastian Betz das E-Commerce-Unternehmen ABOUT YOU, wo er heute als Geschäftsführer und Mit-Gesellschafter die Bereiche Operations & Finance verantwortet. Nach seinem Studium der Betriebswirtschaft an der Handelshochschule Leipzig (HHL) stieg er zunächst bei Roland Berger Strategy Consultants ein. 2011 wechselte er als Senior Projektmanager auf Konzernseite zur Otto Group, wo er nach weniger als zwei Jahren Abteilungsleiter der Konzernstrategie wurde.

Bastian Siebers hat als E-Commerce-Veteran bereits 15 Jahre Erfahrung in verschiedenen Leitungspositionen und zeichnete sich für den Aufbau des digitalen Geschäftes in der Tengelmann-Gruppe verantwortlich. Neben seiner Tätigkeit als Mitglied der Geschäftsleitung der Tengelmann E-Commerce GmbH hat er seit 2014 auch die Geschäftsführung von babymarkt.de übernommen, wo er die nationale und internationale Expansion gestaltet.

Jens Fischer ist Politikwissenschaftler und beschäftigt sich seit zehn Jahren mit digitalem Marketing. Den Marketingaktivitäten in einer studentischen Initiative folgte eine Karriere als Performance-Marketer. Seit drei Jahren verantwortet er als Leiter Online-Marketing die Steuerung der digitalen und klassischen Marketingkanäle von babymarkt.de.

Matthias Zacek ist seit 2013 bei Google Österreich für die Weiterentwicklung von Handelsunternehmen verantwortlich. Als Industry Manager Retail betreut er speziell die klassischen Stationärhändler mit dem Ziel, diese zu den internationalen Omnichannel-Retailern aufschließen zu lassen. Vor Google war er über zehn Jahre in leitenden Funktionen in der Medienbranche in den Bereichen Print und Online tätig. Er ist davon überzeugt, dass durch Zusammenarbeit auf Augenhöhe das gesamte Wertschöpfungsnetzwerk profitiert: „Was alleine geht wissen wir jetzt alle – wir brauchen uns nur umsehen. Unser nächster Entwicklungsschritt ist die vertrauensvolle und intensive Zusammenarbeit über Unternehmensgrenzen hinweg mit dem Kunden im Zentrum unserer Überlegungen."

Daten als Treiber für Geschäftsmodelle: Der Aufstieg von Amazon 1998–2018

Markus Fost und Adrian Hotz

Zusammenfassung Wer mit Daten umgehen kann, wird Erfolg haben. Amazon zeigt dies wie die anderen GAFA-Unternehmen (Google, Facebook, Apple) seit seiner Entstehung. Wie die Nutzung schrittweise ausgebaut wurde, weitere Datenquellen einbezogen wurden und wie die Entwicklung weitergehen kann, beleuchtet der folgende Beitrag.

Inhaltsverzeichnis

M. Fost (✉)
FOSTEC & Company GmbH, Stuttgart, Deutschland
E-Mail: m.fost@fostec.de

A. Hotz
Adrian Hotz E-Commerce Beratung, Köln, Deutschland
E-Mail: aho@adrianhotz.de

© Springer Fachmedien Wiesbaden GmbH 2017
E. Stüber und K. Hudetz (Hrsg.), *Praxis der Personalisierung im Handel*,
DOI 10.1007/978-3-658-16244-3_9

1   Einleitung

Wir schreiben das Jahr 1998. Im wiedervereinigten Deutschland herrscht Kanzlerdämmerungsstimmung. Veränderung liegt in der Luft. Bis Ende des Jahres wird die in die Jahre gekommene CDU-Regierung durch ein völliges Novum – die Rot-Grün-Koalition – ersetzt und eine Zeit des Umbruchs beginnt, die das Land bis heute prägen wird: Atomausstieg, Arbeitsmarktreform, Abbau der Staatsschulden. Doch weitestgehend unbemerkt neben der dräuenden Agenda 2010 beginnt im Deutschland der Schröder-Jahre eine andere Revolution mit dem Anfangsbuchstaben A: Amazon.

Bis Gerhard Schröder 2005 die Vertrauensfrage stellt, wird es Amazon vom Nischenanbieter zu einer nennenswerten Größe im deutschen Distanzhandel gebracht haben. Als seine Nachfolgerin Angela Merkel 2013 wiedergewählt wird, stellt das US-Unternehmen den unangefochtenen Markttaktgeber dar, über den schätzungsweise 40 % aller Käufe im Internet in Deutschland laufen. Dabei verkauft Amazon nicht nur mehr als alle anderen Distanzhändler zusammen, sondern weiß mehr über seine Kunden, als es sonst ein Handelsunternehmen im Lande tut. Zur Bundestagswahl 2017 wird vermutlich nur Facebook besser in der Lage sein, den Ausgang vorherzusagen. Dennoch wird sich Amazon natürlich mit solchen Aussagen zurückhalten. Bislang begrenzt sich Amazon eher auf das Vorhersagen von Konsum- und nicht Wahlverhalten – und steigert durch seine oft treffenden personalisierten Angebote den Umsatz und die Rendite wie kein anderer Händler.

In diesem Kapitel gehen wir auf Zeitreise durch die letzten zwei Jahrzehnte und zeigen anhand eines Musterkunden von Amazon in Deutschland, wie dieses Unternehmen die Disziplin der Personalisierung im Handel auf der Basis eines nie zuvor da gewesenen Datenschatzes neu erfunden hat. Und wir wollen sehen, wohin die Reise demnächst geht.

2   Interne Daten

2.1   Kaufhistorie

Anfang 1998 ist Max Mustermann gerade noch 20 Jahre alt. Er fängt bald ein Studium an – lassen wir es BWL sein – und sucht ein Fachbuch, das zwar auf der Literaturliste für das kommende erste Semester steht, aber nirgendwo in seiner Heimatstadt Musterhausen zu finden ist. Der Buchhändler seines Vertrauens (also: des Vertrauens seiner Eltern) kann es in seinem System nicht finden. Auch die zwei anderen haben es nicht – und scheinen nicht sonderlich an „Antiquariat" bzw. „Sonderbedarf", wie sie es abschätzend nennen, interessiert zu sein. Auch der Thalia-Laden in der nächsten Großstadt, in der er mittlerweile sein Studium angefangen hat, hat es weder auf Lager noch kann es bestellen. Da sagt ihm ein etwas seltsam aussehender Kommilitone mit dicker Brille und fahler Haut, er solle es doch mal im Internet versuchen: Telebuch.de habe eine riesige Auswahl teilweise recht schwer auffindbarer Titel.

Max sucht einen Freund auf, der zu Hause online ist, macht sein Modem an und gibt im Browser Netscape www.telebuch.de ein. Er wird weitergeleitet zur Webseite www.amazon.de – die allerdings ebenfalls mit Büchern wirbt. Dort gibt er den Titel ein und, einige Sekunden und ein paar Klick-und-Bip-Geräusche in der Leitung später, so erscheint das Buch auf dem Bildschirm mit einem Knopf daneben: Jetzt kaufen.

Der junge Herr Mustermann hat noch nie zuvor irgendetwas im Internet gekauft (oder die Kreditkarte seines Vaters benutzt), aber das eigentlich Aufregende passiert schon davor. Diese Website schlägt ihm nämlich andere Bücher vor: „Kunden, die dieses Buch kauften, kauften auch …" Mit von der Partie sind zwei andere Bände auf der Liste, an die er sonst erst in drei Wochen in der Uni-Bibliothek herangekommen wäre. Es ist ihm, als ob sich dieser Internet-Buch-Versandhändler die

Lektüreliste seines Studiengangs besorgt hätte – ganz wie der schlaue, teure Händler neben der Mensa das gerne macht.

Amazon hat das aber nicht nötig. Denn bereits in diesem frühen Stadium hat das Unternehmen einen Vorteil gegenüber Buchhändlern in der analogen Welt: Amazon weiß, wie jeder Käufer heißt, wo jeder Käufer wohnt, und was jeder Käufer gekauft hat. Max ist nämlich nicht der erste, der BWL studiert und bei Amazon Fachbücher erworben hat: Andere Kunden haben wirklich schon einmal diese Artikel zusammen erworben. Nun haben klassische Buchhändler eben auch ein Gespür dafür, welche Artikel in Kombination gekauft werden und können Kunden sogar Passendes empfehlen, wenn sie an der Kasse stehen. Es bleibt aber ein Gespür. Jedes Mal, dass bei Amazon mehr als ein Artikel in den Warenkorb kommt, entsteht ein Datensatz, mit dem das Unternehmen seinen Algorithmus füttern kann: Wenn Kunde A erwirbt, schlage ihm B vor.

Dieses Verfahren kann – vor allem in den späten 90ern mit ihren für heutige Verhältnisse noch dünnen Datensätzen, aber auch heute noch – zu haarsträubenden Vorschlägen führen, die ein Buchhändler so nicht unterbreiten würde. Häufig liegen solche Vorschläge auch daneben. Denn nur, weil ein Kunde ein BWL-Fachbuch suchte und anschließend auch noch einen Band erotischer Poesie in den Korb legte, heißt es nicht unbedingt, dass es ihm viele gleichtun werden. Nur wird dies eben auch registriert insofern, als Amazon auch verbucht, welche Vorschläge doch geklickt und gekauft werden. Diese werden in Zukunft dann eher anderen Kunden angezeigt. Zudem ist der große Nachteil an diesem Vergleichsverfahren zwischen Kaufhistorien – nämlich die Unfähigkeit des Computers, Unpassendes zu erkennen – auch sein größter Vorteil: Aus Verkäufersicht Unschickliches wird vielleicht doch gern zusammengekauft, wenn der Verkäufer nicht da ist.

So kann Amazon oft kühne, aber immer passendere Kaufvorschläge unterbreiten. Über den einen oder anderen mag sich also unser Max noch gewundert haben – lassen wir dahingestellt, wie er es mit Erotikgedichten hält –, aber hin und wieder schlägt er zu. Bis zur Jahrtausendwende hat er nicht nur eine Reihe von BWL-Fachbüchern bei Amazon gekauft, sondern auch einige Sci-Fi-Romane. Neuerdings bietet Amazon auch ein sehr breites CD- und DVD-Sortiment an.

Bei ihm landet also immer öfter Musik im Warenkorb sowie Filme. Als Student muss er schließlich aufs Geld achten und die fünf Mark Unterschied zu Saturn & Co. sind nicht unwesentlich. Auch deshalb schickt Max Mustermann hin und wieder Erzeugnisse zurück, die ihm doch nicht gefallen. Das Retournieren ist bei Amazon recht unkompliziert und da er jetzt per Bankeinzug zahlt – seinem Vater war es dann irgendwann mal nicht mehr geheuer mit der Nutzung seiner Kreditkarte – freut er sich, wenn hier oder da 20 DM doch hängen bleiben. Amazon freut sich ebenfalls, denn das Unternehmen weiß, welche Artikel Max weniger gut fand. Ähnliche wird der Onlinehändler in Zukunft weder ihm noch Menschen mit ähnlicher Kaufhistorie empfehlen.

2.2   Demografie

2005 hat Max Mustermann sein Studium abgeschlossen und schnell Anstellung als Unternehmensberater gefunden. Während Gerhard Schröder und Angela Merkel in der Elefanten-Runde sitzen, schaut er sich seine Kontoauszüge an und freut sich über die rasche Entwicklung des Saldos nach oben. Mit ihm freut sich alsbald Amazon. Max Mustermann kauft nun seit rund sieben Jahren Medienprodukte beim Onlinehändler – über 100 sind es an der Zahl – und ihm ist nicht entgangen, dass das Unternehmen sein Sortiment stetig erweitert. Neuerdings, als er den Titel einer CD eingab, wurde ihm beispielsweise in der Suchmaske vorgeschlagen, das Album als MP3-Download zu erwerben. Und links in der Produktleiste fallen ihm Rubriken wie Elektronik, Haushalt, und – ganz neu – Kleidung auf. Das ist praktisch, denn Max ist kürzlich aus seiner Studentenbude ausgezogen und richtet sich jetzt in einer besseren Wohnung in einer der Metropolen ein. Nicht nur braucht er einiges an Hausrat, wie etwa einen Staubsauger, wie seine Putzfrau empfiehlt. Nein, er möchte sich von seinem neuen Gehalt mal etwas gönnen. Endlich so ein ganz toller MP3-Player etwa für die langen Reisen, die er als Junior-Berater auf sich nehmen muss, sowie ein schicker neuer Flachbildfernseher.

Denn Max hat nach den langen Arbeitswochen weder Zeit noch Lust, am Samstag noch zu Media Markt oder Ähnlichem zu rennen. Zudem ist er noch nicht dazugekommen, sich ein Auto anzuschaffen, und einen Fernseher zu transportieren macht so keinen Spaß. Und letztendlich sind die Preise, die er für Elektronik bei Amazon abends auf dem Laptop sieht, durchaus konkurrenzfähig mit denen in den Anzeigeblättchen, die samstags mit ihrem zerknitterten Papier seinen Briefkasten vollstopfen.

Als Mustermanns Bestellungen bei Amazon eintreffen, lernt der Onlinehändler so einiges auf einmal. Zuallererst erfährt er, dass Mustermann umgezogen ist (seine Lieferadresse hat Max in seinem Kundenkonto gerade noch rechtzeitig vor Bestellungsaufgabe geändert!). Zudem ist der Bestellwert beim Kunden Mustermann in die Höhe geschossen. In den kommenden Monaten bestellt er mehrmals größere Pakete. Seine Putzfrau erfreut sich eines schicken Miele-Staubsaugers, während er abends vor dem Flachbildfernseher trotz brummender Speakerboxen, nach der einen oder anderen Folge seiner Lieblingsserie, ermattet einschläft. Von einem durchschnittlichen Warenkorb mit 20 bis 30 EUR ist Mustermann also nun Richtung 500 bis 1000 EUR unterwegs.

Wäre Amazon ein Mensch, würde er schon mutmaßen, dass Max Mustermann früher armer Student war und sich nun von seinen ersten Gehaltschecks etwas Schönes leistet. Er würde mit Ortskenntnissen zudem anhand der Postleitzahl zu dem Schluss kommen, dass Max Mustermann nun sehr gut verdient: Die Wohnungen auf dieser Ecke sind nämlich teuer. Nicht zuletzt würde er, wenn es darauf ankäme, anhand des Kaufdatums des ersten BWL-Fachbuchs wetten, dass Mustermann wahrscheinlich im Jahr 1998 ein Studium angefangen hat und ungefähr Anfang 20 gewesen sein wird.

Nun ist Amazon kein Mensch, der in solchen Kategorien denkt. Allerdings versteht ein Algorithmus sehr wohl, dass es wenig bringt, einem Käufer, der im Schnitt 25 EUR ausgibt, einen teuren Flachbildfernseher zu empfehlen. Ebenso gut kann ein Algorithmus aber erkennen, wenn ein Fernseher erworben worden ist und dazu von der Preiskategorie und Kompatibilität her passendes Zubehör empfehlen. Und obwohl Amazons Algorithmus nicht genau weiß, wie alt

Mustermann ist, versteht es schon aus der Analyse von mittlerweile Milliarden von Warenkörben, dass Sci-Fi- und BWL-Lektüre sich eben relativ selten mit Ratgebern zu Themen wie Heimgärtnern oder Wohnwagenkauf mischen. Demografische Daten wie Alter, Wohnort und Einkommen werden also zwar noch nicht immer als solche bei Amazon registriert, dafür aber ziemlich genau erfasst und in passende Kaufempfehlungen umgemünzt. Und das über eine lange Zeit und über Wohnortswechsel hinweg. Amazon hat ja immer noch von der ersten Bestellung an alle Käufe von Max Mustermann auf seinem Namen gespeichert. Das haben die diversen Händler, die er in seiner Heimatstadt und in der Universitätsstadt aufsuchte, überhaupt nicht. Für das Personal dort ist er nun einfach weg.

2.3   Interaktion

Was Amazon auch seit Mustermanns erstem Kauf ohne Unterbrechung erfasst hat, ist seine Interaktion mit dem Unternehmen auf allen Ebenen. Seit 1998 folgt es seinem Verhalten auf der Website amazon.de auf Schritt und Tritt: Wenn er einen Suchbegriff einzugeben anfängt, welche Vervollständigungsvorschläge klickt er an? Scrollt er herunter zu den Bewertungen und Rezensionen auf der Produktseite und öffnet diese, um sie zu lesen? Welchen Produktempfehlungen leistet er beim Kauf Folge? Diese Daten haben Amazon geholfen, nicht nur die Seite für alle Nutzer zu optimieren, indem nicht oder selten geklickte Bereiche entfernt oder umgestaltet werden, sondern eben auch für Max Mustermann zu optimieren. Die Empfehlungsmaschine wird mit jedem Male, dass er einen Vorschlag annimmt, besser auf seinen Geschmack zugeschnitten. Zudem sorgte das Unternehmen immer dafür, dass Max Mustermann auftretende Probleme möglichst mit ihm in schriftlicher, also maschinell zu verarbeitender Form, ausmacht. Die Mikrowelle, die 2006 defekt ankam? Mustermann wickelte die Retoure über das Portal ab und sprach erst dann mit einem Servicemitarbeiter, als dieser ihn freundlicherweise anrief, um ihn von der bereits veranlassten Ersatzlieferung in Kenntnis zu setzen. Als er dann einem Link in einer

E-Mail von Amazon folgte und die Mikrowelle anschließend positiv bewertete, wusste das Unternehmen, er war zufrieden.

Im Jahr 2008 ist Max Mustermann seit zehn Jahren Amazon-Kunde und der Onlinehändler weiß vieles über ihn – oder kann genauer gesagt viele sehr präzise Rückschlüsse über ihn produzieren. In diesem Jahr feiert aber ein Gerät einjähriges Marktbestehen, das das Versprechen mit sich bringt, dieses Wissen um ein Vielfaches zu potenzieren: Das iPhone. Da Mustermann als (nunmehr Senior-)Unternehmensberater sowohl ein hohes Einkommen als auch möglichst erreichbar zu sein hat, gehört er zu den ersten in seinem Bekanntenkreis, die sich eines zulegen. Bald surft er über den Browser auf seinem iPhone amazon.de an, erste Käufe erledigt er dort – was zugegebenermaßen vom Nutzungserlebnis her nicht gerade bequem ist. Amazon registriert aber, dass er von einem Smartphone aus auf die Seite zugreift und schlägt ihm vor, doch die Amazon-App in der gerade von iTunes zum App-Store umfunktionierten Plattform herunterzuladen.

3   Externe Daten

3.1   Nutzerbezogene Daten

Zur Bundestagswahl 2009 hat Max Mustermann die Amazon-App seit rund einem Jahr auf seinem iPhone. Mit dem Gerät ruft er abends vom ICE aus die Website von Spiegel Online auf und erfährt, dass die FDP mit einem Wahlergebnis von rund 14 % rechnen kann. Direkt danach bestellt er in der Amazon-App sein neuestes elektronisches „Spielzeug" (wie das seine Frau etwas abschätzig nennt): Das in Deutschland im Oktober 2009 neu eingeführte Kindle, ein sogenannter E-Reader, von Amazon produziert, auf dem er fortan Bücher lesen möchte. So viel wie er immer unterwegs ist, nerven ihn gedruckte Bände. Zudem hat ihm ein Freund erzählt, es gebe eine rege Szene von Sci-Fi-Romanen, die zuerst – manchmal sogar nur – elektronisch erscheinen. Interessant dabei wird für Amazon sein, zu erfahren, nicht nur welche Bücher Max Mustermann herunterlädt, sondern welche er auch zu Ende liest: Genau dies macht das Kindle-Gerät möglich.

Allerdings hat Amazon im letzten Jahr Max Mustermann bereits noch einmal um einiges besser kennengelernt. Denn seitdem er die Amazon-App mit sich herumträgt, weiß Amazon wo er ist, wann er online ist und was er sich dabei auf seinem Gerät anschaut. Denn die App des Onlinehändlers erhält Zugang zu seinen Standort-, WLAN-Verbindungsdaten, Fotos und zur Kamera. Wenn Mustermann in dieser App eine Bestellung aufgibt, dann weiß das Unternehmen womöglich bis auf einige Meter genau, von wo aus er gekauft hat. Manchmal liest Mustermann in Zeitungsartikeln, dass die Amazon-App sogar theoretisch Zugriff auf die Kamera, das Mikrofon und die Anrufinformationen auf seinem Handy hat. Das wird von Verbraucherschützern als Verletzung der Privatsphäre angeprangert. Ihn stört das nicht sonderlich: Dass Amazon Bilder auf seinem Handy auswertet, glaubt er nicht. Dass der Konzern über sein Smartphone jetzt mehr über ihn als je zuvor weiß – und mehr als er je auf Anfrage hin bereit gewesen wäre, einem stationären Händler zu verraten – ist ihm allerdings klar.

3.2   Sonstige Daten

Die Menge an Daten, die Amazon nun über Max Mustermann hat, nutzt aber in einem Vakuum nichts. Das weiß der Onlinehändler und kombiniert das, was es über Mustermann und Millionen anderer weiß, mit externen Datensätzen, um Zusammenhänge ausfindig zu machen. Wetterdaten, beispielsweise, werden in Bezug auf Käufe analysiert: Dabei dürfte die Erkenntnis, dass der Absatz von Weber-Grill-Produkten bei guten Witterungsprognosen schlagartig zunimmt, zu den Binsenweisheiten gehören. Auf kniffligere, teils hyperlokale Verkaufsspitzen hat es Amazon wohl abgesehen.

Die Entwicklung der Preise von bestimmten Artikeln bei Amazon zeigt, dass der Konzern sich ebenfalls der Bedeutung verschiedener gesellschaftlicher Ereignisse bewusst ist: Fußball-Trikots werden während Europa- und Weltmeisterschaften auf Amazon.de immer teurer verkauft, je weiter die National-Elf kommt, um an der wachsenden Fußball-Begeisterung bestmöglich zu verdienen. Inwiefern solche

Preisstrategien von maschinellen Reaktionen – beispielsweise auf die Preise von den Händlern auf dem Amazon-eigenen Marktplatz – ausgelöst oder noch manuell von Preisprofis anhand der einfließenden Daten gesteuert werden, sei dahingestellt.

Dass Amazon aber den Preis von vielen Produkten automatisch dem Wettbewerb anpasst und erwiesenermaßen über die Datenkompetenz verfügt, Ereignisse des öffentlichen Lebens einzuspeisen, legt nahe, dass der eine Ansatz den anderen stärkt. Amazon-Mitarbeiter bewachen Preise und können dann mittels Algorithmen starke Schwankungen auf verschiedenste andere Indikatoren projizieren und Zusammenhänge identifizieren lassen. Dabei lernen die Algorithmen schnell, Koinzidenz von Korrelation zu unterscheiden, und durchforsten Datensätze bald in Alleinregie. Genau dieses Verfahren preist die Konzernsparte Amazon Web Services (AWS) nun als marktreifes Machine-Learning-Produkt seit Mitte 2015 seinen Geschäftskunden an.

So ein Big-Data-Ansatz dürfte bereits Erstaunliches zutage gefördert haben. Schließlich können menschliche Datenwissenschaftler schon lange an bestimmten Indizien mit beunruhigender Treffsicherheit auf den ersten Blick völlig Abwegiges vorhersagen: Rezessionen lassen sich an einer Reihe von scheinbar belanglosen Konsumdaten oft ein Quartal im Voraus erkennen (der Absatz von Make-up, Socken und andere Kleinartikel sollen hierbei äußerst aufschlussreich sein). Der amerikanische Einzelhandelsriese Target soll in seinen Läden anhand des Absatzes schon einen besseren Einblick in die meteorologische Aktualität geben können als der ehrenwerte US Weather Service. Mit aller Wahrscheinlichkeit hat Amazon einen solchen Kenntnisstand schon lange übertroffen: Mehr als spekulieren darüber – sowie darüber, ob und wie die Einsichten schon eingesetzt werden – können Außenstehende derzeit nicht.

3.3   Social Media

Sehr gut belegbar und oft auch für Kunden sichtbar ist allerdings, welche Information Amazon aus einer anderen externen Quelle gewinnt: Social Media. Im Spätsommer 2010 sieht Max Mustermann, als er sich wieder einmal klassisch auf dem Laptop bei Amazon einloggt, eine Eigenwerbung des Onlinehändlers: Neuerdings könne man sein Facebook-Profil mit seinem Amazon-Konto verlinken. Ob nicht auch er vielleicht Lust hätte, dies auszuprobieren? Dadurch würde er bessere Empfehlungen für Musik und Filme bekommen, während Amazon ihn an bevorstehende Geburtstage im Bekanntenkreis erinnern würde – und gleich auch passende Geschenkvorschläge mitliefern.

Mustermann verknüpft seine Konten sofort – hatte er doch letztens den Geburtstag seiner Frau wegen Kundenstress verschwitzt. Fortan weiß Amazon, wann sie Geburtstag hat (und kennt nun auch Mustermanns eigenes Geburtsdatum) und darf Einsicht in seine Aktivität bei Facebook bekommen. Dabei interessiert sich der Händler am allermeisten für den Like. Vergibt Mustermann einen Like an ein Produkt innerhalb des Netzwerkes – oder likt einer seiner Freunde ein Produkt – weiß Amazon nun Bescheid, dass ein erhöhtes Produktinteresse besteht. Entweder könnte sich Max Mustermann vorstellen, das Produkt für sich selbst zu kaufen, oder es könnte sich als Geschenk für seinen Facebook-Freund eignen.

In den kommenden Jahren integrieren immer mehr Websites den Facebook-Like-Button. So können User der Plattform auch außerhalb des Netzwerks ihr Gefallen an Produkten kundtun, solange sie beim Surfen bei Facebook eingeloggt bleiben oder (im Falle von mobiler Anwendung) die Facebook-App benutzen. Dieser sogenannte „Single-Sign-on"-Ansatz ist für Amazon hochinteressant, denn der Anwendungskreis des Likes steigt damit exponentiell: Wo auch immer sich Max oder seine Freunde im Web befinden und ein Produkt mit einem Like auszeichnen, erfährt dies nun Amazon. Eindeutigere Empfehlungsmaschinen-relevante Daten gibt es schlichtweg nicht.

4   Predictive-Buying

4.1   Datenzusammenführung

Listen wir an dieser Stelle einmal das auf, was Amazon nun über Max Mustermann weiß: Name, Geburtsdatum, Wohnort samt Adresse sowie aktuellen Aufenthaltsort. Seine Kaufhistorie seit 1998, angefangen mit

Büchern und mit jedem Jahre auf immer neue Segmente wie Musik, Elektronik, Haushalt und Mode übergreifend. Sein Gefallen bzw. Missfallen an einigen Produkten, die er bestellt hat – seit 2009 inklusive einem Verzeichnis, welche E-Books er wie schnell verschlungen hat und welche er nicht mehr lesen mochte. Die Namen, Geburtstage und Präferenzen einer Vielzahl seiner Freunde und Verwandten sowie seine eigenen Produktpräferenzen in der Form von Facebook-Likes (seit 2010).

Allein mit diesen Daten lassen sich Empfehlungen generieren, die Max Mustermann wahrlich auf den Leib geschnitten sind. Analysiert unter Einbeziehung externer Datensätze lassen sich diese Empfehlungen dann theoretisch gezielt nach derzeitigen Wetterverhältnissen, etwaigen Groß-(oder Klein-)Ereignissen, oder Aufenthaltsort aussteuern. Amazons Machine-Learning-Fähigkeiten ermöglichen es dem Onlinehändler bereits heute, aus dieser Datenflut heraus einen solchen Grad der Personalisierung zu erreichen.

4.2 Verkaufskanäle und Logistik

Was Amazon allerdings noch nicht zuverlässig kann: Max Mustermann seine gerade passend empfohlenen Produkte auch gerade rechtzeitig bringen. Der Onlinehändler hat seine internen Logistik-Prozesse zwar so weit optimiert, dass Bestellungen oft binnen einer Viertelstunde versandbereit sind. Nur warten die Pakete dann noch auf Abholung durch überlastete Paketdienste, die diese dann immer wieder tagsüber zuzustellen versuchen. Zwar haben Mustermanns ein Schließfach bei einer DHL-Paketstation, aber für Realtime-Empfehlungen basierend auf aktuellem Aufenthaltsort eignet sich eine solche Infrastruktur nicht.

Zudem bleiben Amazon selbst bei einem treuen, kaufkräftigen Kunden wie Max Mustermann bislang einige Produktsegmente verschlossen. Mustermanns Frau managt den Einkauf und wird erst einmal weder Kaffee noch Klopapier bei Amazon kaufen, wo sie diese doch in fünf Minuten im Supermarkt um die Ecke bekommt. Zwar ist Max Mustermann seit Jahren Kunde im Treueprogramm „Amazon Prime" und bekommt somit alle Lieferungen umsonst und spätestens am nächsten Werktag. Aber wenn der Kaffee alle ist, schreibt das seine Frau eben auf den Einkaufszettel und geht nach Feierabend zum Edeka- oder Rewe-Markt um die Ecke.

Vor diesem Hintergrund sind die Investitionen von Amazon in der Weiterentwicklung „Prime Now" mit anvisierter Zwei-Stunden-Lieferung sowie in die Verbreitung des Stimmerkennungsgeräts Echo zu verstehen. Mit Echo soll es reichen, dass Herr oder Frau Mustermann „Wir brauchen Kaffee" in den Raum rufen, um eine Blitzbestellung auszulösen. Zudem experimentiert Amazon mit neuen Konzepten in der Lieferung, wobei Kurierdienste aus verstärkt in innerstädtischen Lagen errichteten Logistikstandorten Kleinbestellungen abholen und zu den Kunden an ihren Aufenthaltsort bringen. Max Mustermann sitzt wieder lange im Büro und braucht dringend das neue Hemd für die Präsentation morgen? Bei einer Bestellung mit der Amazon-App soll ihm das Kleidungsstück an den Schreibtisch gebracht werden können.

Die Richtung, in die Amazon hierbei denkt, macht ein vom Unternehmen bereits 2013 angemeldetes Patent klar: Es geht um „Anticipatory Shipping" – Vorausversendung – also um die Idee, Waren dorthin zu schicken, wo die Algorithmen dafür Bedarf vorhersagen. Das mag sich wie Kaffeesatzleserei anhören, stellt aber bei dem geballten Wissen, das Amazon bereits heute über Kundenbedürfnisse verfügt, alles andere als Spinnerei dar.

Gekoppelt mit einem kleinteiligeren, dichteren, an Ballungszentren näher gelegenen Netz von Fulfilment-Centern, einem agil organisierten Liefernetzwerk sowie immer passenderen und immer aktuelleren personalisierten Empfehlungen würde diese auf Kaufwahrscheinlichkeit basierende Lagerung es Amazon ermöglichen, Lieferzeiten noch einmal radikal zu senken und mit viel weniger Lagerfläche auszukommen als bisher geplant. Liegt der Algorithmus doch ausnahmsweise bei der Bedarfshöhe falsch, können die Artikel rabattiert abgesetzt oder einfach weiter transportiert werden. Wo Amazon selbst die Produktion von Artikeln in der Hand hat (und das tut das Unternehmen in immer mehr Segmenten), ist sogar denkbar, dass einige Produkte erst dann und dort hergestellt werden, wann und wo und in welcher genauen Ausführung sie gebraucht werden.

4.3 Aussicht

Wagen wir also einen Blick ins Jahr 2018. Max Mustermann ist nun seit 20 Jahren Kunde bei Amazon und erwirbt einen kontinuierlich wachsenden Anteil von seinem Produktbedarf beim Konzern. Kurz vor der Bundeswahl 2017 hat er mit seiner Frau beispielsweise entschieden, die „Dash"-Buttons anzubringen – also Nachschubknöpfe neben den Müllbeuteln, Wäschepulvern, und Windelpaketen (ja, es gibt nun einen kleinen Mustermann), die kurz gedrückt werden, um automatisch eine Nachbestellung zu veranlassen. Im neuen Kaffeevollautomat ist bereits ein Sensor integriert, der bei Amazon neue Bohnen bestellt, sobald die aktuelle Ladung zur Neige geht. Und neben dem Nachwuchs hat auch „Alexa" bei Mustermanns Einzug gehalten: Mit dem Namen redet man das Echo-Gerät an, wenn einem mal wieder eine Frage einfällt oder etwas fehlt.

Im Urlaub hat Max Mustermann mal wieder Lust auf einen schönen Sci-Fi-Schmöker. Seit fast zehn Jahren liest er diese auf einem Amazon-eigenen elektronischen Lesegerät. Früher war es Kindle, seit ein paar Jahren benutzt er das Fire-Tablet. Damit setzt er sich nun auf die Terrasse des Ferienhauses. Er hat keinen bestimmten Titel vor Augen und entscheidet sich, einmal wieder auf die – bislang seinen Geschmack sehr treffenden – Empfehlungen von Amazon zu vertrauen. An erster Stelle wird ihm „Das Urlaubs-Universum (BETA)" empfohlen. Die Beschreibung liest sich wie folgt: „Als Max Mustermann für eine Woche Urlaub ein Ferienhaus bezieht, kann er nicht ahnen, dass sich darunter ein Portal in eine andere Welt befindet …" Neugierig klickt Mustermann darauf. Es erscheint eine Benachrichtigung: „Dieser Text ist eine aus Autorenstücken eigens für Sie persönlich zusammengestellte Komposition. Wir hoffen, dass die Geschichte Ihnen gefällt und freuen uns auf Ihr Feedback."

Über die Autoren

Markus Fost ist Experte für E-Commerce, Online-Geschäftsmodelle und Digitale Transformation mit einer breiten Erfahrung in den Feldern Strategie, Organisation, Corporate Finance und der operativen Restrukturierung. Seine Projektthemen erstrecken sich von der Entwicklung bis hin zur Umsetzung von E-Commerce Strategien für Markenhersteller und den Handel. Zu seinen Kunden zählen multinationale Konzerne und mittelständische Unternehmen mit einem breiten Branchenumfeld: Automotive, Bauwirtschaft, Fashion, Industrie- und Konsumgüter, Handel und Medien. Markus Fost ist Gründer und Geschäftsführer der Beratungs- und Beteiligungsgesellschaft FOSTEC Commerce Consultants bzw. der FOSTEC Ventures GmbH, sowie der CEC Connect eCommerce GmbH in Köln. Er ist Independent Partner bei der Strategieberatung Stern Stewart & Co. GmbH, sowie Dozent und Lehrbeauftragter im Fach E-Commerce und Autor diverser Fachbücher u. a. beim Springer Gabler Verlag. Als Topspezialist und führenden Berater von Industrie, Marken und Handel beim Aufbau und der Umsetzung von Handelsstrategien auf dem Marktplatz und Amazon Gründungsmitglied und Beirat bei The Global Marketplace Group GmbH wurde ihm im Jahr 2009 der Vendor Award von Amazon.de verliehen. Nach einer Ausbildung zum Industriekaufmann studierte er Wirtschaftswissenschaften und hat einen Bachelor-Abschluss in BWL von der Universität Nürtingen sowie einen MBA in Finance & Management von der BW Cooperative State University. Markus Fost ist seit 2009 in der Beratung tätig.

Adrian Hotz unterstützt Unternehmen bei der Strategieentwicklung, beim Aufbau von E-Commerce-Abteilungen und bei der operativen Umsetzung. Hierzu gehört die Beratung bei der Software- und Dienstleisterauswahl und bei der Shop-Optimierung, insbesondere im Hinblick auf Personalisierung. Hersteller und Marken unterstützt er bei der Entwicklung von Marktplatzstrategien insbesondere in Bezug auf Amazon. Er ist Gründer der Adrian Hotz E-Commerce Beratung, Geschäftsführender Gesellschafter bei Connect eCommerce, Partner bei eTribes, Herausgeber von www.insideecommerce.de, Speaker auf E-Commerce-Konferenzen, Veranstalter des Events www.be.insideecommerce.de und als Gründungsmitglied im Beirat der factor-a GmbH, einer Full-Service Marktplatz-Agentur.

The manufacturer's authorised representative in the EU is Springer
Nature Customer Service Centre GmbH, Europaplatz 3, 69115 Heidelberg,
Germany. If you have any concerns regarding our products, please
contact ProductSafety@springernature.com

Printed and bound by CPI Group (UK) Ltd, Croydon, CR0 4YY
27/04/2026
02097564-0001